بسم الله الرحمن الرحيم

Auteur : L. F. Camil

1ère édition – Bruxelles 2016

9 782875 451101

ISBN : 978-2-87545-110-1
www.hadithshop.com
infos@hadithshop.com

CECJ
100, rue de la limite – 1210 Bruxelles
Tél. : 0032 2 223 78 90
Fax : 0032 2 223 58 88

Graines de convertis

Fragments de vies de ces nouveaux musulmans

Ça a commencé comme ça...
Un matin comme tous les autres.
Le soleil s'est levé sur ma journée
et lorsqu'il est repassé sous l'horizon,
j'étais devenu musulman.
Aussi simplement que ça.

Au Nom d'Allah, le Tout Miséricordieux, le Très Miséricordieux.

Préface

Je me suis converti il y a de nombreuses années déjà. C'est un chemin et une aventure que de prendre cette décision. Une aventure dont les épisodes marquent la vie à tout jamais. Ils ont marqué ma vie mais également celle de dizaines, de centaines, de milliers, de millions d'autres convertis dans le monde. Nous vivons à peu près tous la même aventure.

Notre conversion nous place face à des situations qui se répètent dans nos familles et au sein de nos cercles d'amis. Elle pose question et modifie parfois les comportements de notre entourage. C'est en échangeant avec d'autres convertis que l'on se rend compte que nous vivons tous et toutes ces situations.

Ce sont ici quelques-unes de ces situations parfois drôles ou cocasses, parfois plus graves, voire tragiques, que j'ai mises en scène dans ce livre. Et je dis bien : mises en scène.

En effet, dans le but de protéger toutes les personnes, souvent proches, qui m'ont inspiré, j'ai décidé de réunir tout ce que nos histoires ont en commun et de composer sur cette base un ensemble de récits où évolueront des personnages imaginaires directement inspirés de nos vies à nous, bien réelles celles-là.

Ainsi, si mes personnages sont bien des personnages fictifs, les événements qu'ils vivront au gré de ces quelques pages sont pourtant marqués du sceau de la réalité et représentent des situations bien réelles qu'ont vécues et vivront encore de nombreux convertis de par le monde.

Cet ouvrage, pour humble qu'il soit, a l'ambition de représenter un témoignage de notre époque et de notre situation particulière de musulmans convertis d'Europe Occidentale.

Un témoignage direct et sans enluminures qui tord le cou à certaines idées reçues sur ces gens qui, à tout âge, font le choix conscient et réfléchi de devenir musulmans.[1]

❁❁❁

1 Ceci dit, précisons que cet ouvrage n'a aucune prétention scientifique et que la subjectivité qui le porte lui ôte également tout aspect exhaustif.

Le jour où naquit Yousouf Islam

Premiers contacts...

1994. Un musicien, génie torturé, antistar de la normalité, s'est suicidé quelques semaines plus tôt. Sur le dos de ma main, je me suis scarifié « Kurt » à la pointe de mon compas de géométrie... Mon père n'avait pas apprécié.

Son testament: « *it's better to burn out than to fade away* » Plutôt s'incendier que de partir à petit feu... [1]

Ce suicide, c'était un peu le « no future » de ma génération. A partir de là, tout ne serait plus que du noir et du désespoir, du chômage et de la glandouille... des guerres et du pétrole. On ne pourrait pas aller plus loin.

C'est normal, on était la génération de la guerre du Golfe. La guerre du pétrole. La « tempête du désert ». La guerre du mensonge démocrate et du pétrole dictateur. Celle qu'on a brièvement appelée « la guerre propre ». Mais ça, c'était avant qu'on avoue que les munitions à l'uranium appauvri, ce n'était pas si propre que ça.[2]

On n'avait pas connu le Vietnam, c'était pour l'Iraq qu'on avait vu brûler des drapeaux américains pour la première fois. Une claque quand on a toujours vu les ricains comme la race des gagnants, des beaux-gosses, de la cool attitude.

Le rêve américain en prenait pour son grade. La vie de rêve ne pouvait pas se jouer à la cour des salopards. 1994, une page se tournait...

❁❁❁

1 Kurt Cobain (1967 – 1994), leader charismatique du groupe culte Nirvana, fut retrouvé mort le 8 avril 1994 suicidé d'une balle dans la tête... Il laissait une lettre expliquant son geste dans laquelle il évoquait ces vers de Neil Young...

2 Dans les années qui suivirent la fin de cette première guerre en Iraq, les États-Unis reconnurent avoir utilisé des armes à l'uranium appauvri, dont les éclats irradiés pollueront la région pendant de nombreuses années, causant cancers et autres joyeusetés parmi les populations civiles...

Des Turcs, des Arabes…

Cette après-midi-là, au cours de gym, je jouais au foot avec une bonne dizaine de collègues dans la grande cour. Mon tatouage au compas me faisait un peu souffrir …

Le foot, c'est vraiment le truc passe-partout des profs de gym quand ils ne savent plus quoi faire avec leur classe qui déborde. Mais ça passait plutôt bien. On ne râlait pas.

J'étais là, du haut de mes 16 ans, au soleil de fin de printemps, en train d'enrager sur le dos d'un collègue :

« Ouais, ouais ça va, toujours la même chose… arrête tes histoires et sors du jeu. Qu'on puisse enfin reprendre le match. »

« Ah ouais, qu'il me répond, et pourquoi ce serait pas toi qui sortirais du jeu ? »

« Parce que je viens de rentrer, tocard, et que c'est ton tour, à toi et à personne d'autre ! »

Et il n'apprécie pas mon ton :

« Oh ! Franchement, parle-moi autrement, sinon tu vas voir. »

« Voir quoi ? Vous les arabes, c'est toujours la même chose : vous gueulez, vous gueulez, mais pour respecter la règle, y a personne. »

« Je suis pas arabe, espèce de flamand, je suis turc ! » qu'il répond finalement, en s'asseyant sur le banc, le sourire au bec.

« Turc et pas arabe ? Quelle différence ? Ah ah ah ! C'est le même ! »

« Non, mais vas-y joue, joue maintenant. T'es content ? »

Il riait. Content d'avoir chauffé un peu l'ambiance. Je riais aussi.

Et à la fin, je leur ai mis la patate, aux turcs et aux arabes. 6 – 4 Score final à 16h15…

Des turcs, des arabes… des musulmans quoi ! Pour moi c'était du pareil au même. Mais visiblement, pour eux y avait comme une différence. Et du genre importante.

Le lendemain, Alpaslan (c'est son nom) a vaguement tenté de m'expliquer la différence. Les différences. Lui et Oussama, son collègue de banc, d'origine tunisienne, m'ont éclairé sur leur foi commune et leurs origines différentes. Finalement c'est vrai que ce n'était pas pareil.

A ma décharge, je dois préciser que le peu de choses que j'avais apprises jusqu'alors sur l'Islam et les musulmans était surtout une compilation de poncifs et de stéréotypes à la vie dure, faite de ramadan, de cochon, de vin, de mosquées... d'arabes, de croisades et de barbares presque préhistoriques...

Pas facile de comprendre ce que personne, ou presque, ne prend la peine d'expliquer.

❁❁❁

Religion - Morale

Mes parents, humanistes universalistes convaincus, ne m'avaient pas légué une éducation religieuse. Je les admire pourtant pour leur ouverture d'esprit et leur bonté naturelle. Mes parents, ce sont des gens bien.

Mais pas religieux pour un sou. Chacun son truc, ce n'était pas le leur, c'est tout...

Lorsque j'étais tout petit, mon arrière-grand-mère, protestante, avait quant à elle essayé de m'initier à la bible illustrée. Des jolis dessins, des histoires naïves et épurées pour faire connaître les grandes lignes de la foi chrétienne au tout petit que j'étais. J'ai gardé de très bons souvenirs de ces histoires racontées sur ses genoux. J'avais 3 ou 4 ans.

Plus tard, à l'école primaire, on me posa la question : « Et toi, tu veux aller en religion ou en morale ?»[1]

« C'est quoi religion ? »

« Eh bien, c'est un cours où tu apprendras des choses sur Dieu, Jésus, tout ça... »

« Ah non, ça, je connais déjà. Je vais dans l'autre alors... » et je me suis retrouvé inscrit en « Morale Laïque ».[2]

J'avais 5 ans, je ne m'en souviens pas vraiment, mais c'est ce qu'on m'en a raconté.

Par contre, la majorité de mes copains de l'époque s'étaient inscrits en religion catholique. Beaucoup d'italiens dans ces anciens corons miniers. Ils allaient à l'église et fréquentaient le catéchisme le mercredi après-midi. Pas moi évidemment.

1 La Belgique, de tradition neutre et non laïque, propose au sein de son système éducatif des cours d'option philosophique en fonction des sensibilités de chacun. Sont disponibles dès l'école primaire les cours de religion catholique, protestante, hébraïque, anglicane, islamique ainsi qu'un cours de morale non confessionnelle. Dans mon école, il n'y avait que des élèves inscrits en religion catholique et en morale.

2 À cette époque, le cours de morale était encore très influencé par la laïcité organisée.

A 12 ans, ils ont fêté leur première communion. Mais pas moi évidemment.

Moi, à 12 ans, ma prof de morale m'a emmené célébrer ma « fête laïque ». Ou ma « communion laïque » comme disaient mes grands-parents. Un grand truc où on ne comprenait pas grand-chose : de beaux discours, des promesses, des promesses, ça ! Des promesses... On en a promis des trucs. Comme quoi on serait tous des frères. De toutes les couleurs et de toutes les croyances.

On a chanté des trucs comme ça. On a dansé en rond en se tenant la main. Le monde serait beau. Comme une grande famille. Pas de guerre surtout. Fini ! La Paix. La Liberté. Et l'Amour.

Pour nous remercier, on nous a remis une médaille. En bronze.

« Une médaille en Bronze ? Pourquoi pas en or ? Ou au moins en argent ?»

Sais pas... La promesse de ne pas finir premier, sans doute.

Les Lumières

Ce cours de Morale Laïque, je l'ai suivi depuis l'école primaire jusqu'à la fin de mon cursus secondaire. Sans dévier une seule fois de la route.

Droits de l'homme, liberté d'expression, Amnesty International, … tout y est passé. Nous écrivions parfois des lettres indignées à des dictateurs étrangers, pestant dans une langue qui n'était pas la leur contre les crimes ignobles qu'ils commettaient. Nous leur ordonnions naïvement de bien vouloir libérer des prisonniers d'opinion ou des opposants torturés.

Je me souviens : « Monsieur Ceausescu, voulez-vous bien libérer les 200 prisonniers d'opinion de vos prisons ? »

On y collait la liste des noms, estampillée Amnesty, et toute la classe signait.

Nous savourions de grands principes. De très belles choses. L'Humanisme. La Fraternité. La Justice pour tous. Le tout éclairé par le symbole du cours : le flambeau laïc, entouré d'êtres humains. Le flambeau des Lumières. Pour éclairer l'Humanité.

« Les » Lumières. Au pluriel et en opposition à « La » Lumière…

Divine, celle-là…

❁❁❁

La Lumière

« Allah est la Lumière des cieux et de la terre. Sa lumière est semblable à une niche où se trouve une lampe. La lampe est dans un vase de cristal et celui-ci ressemble à un astre de grand éclat ; son combustible vient d'un arbre béni : un olivier ni oriental ni occidental dont l'huile semble éclairer sans même que le feu la touche. Lumière sur lumière. Allah guide vers Sa lumière qui Il veut. Allah propose aux hommes des paraboles et Allah est Omniscient. »

Le Coran, sourate An Nur (La Lumière), verset 35

Aux scouts

Pour éclairer mon cheminement, je dois aussi vous parler des scouts. Je m'y étais inscrit vers l'âge de 13 ans. J'y suivais en fait Ben, un voisin et ami. Une année passe. Puis deux, trois... Logiquement, je reçois mon totem[1], désormais je m'appellerai « Bélier ». Caractère fonceur, paraît-il.

Bélier ce n'était pas si mal, quand je pense que Ben était devenu « Hamster »...[2]

Ma troupe était une troupe dite « Pluraliste », c'est-à-dire multiconfessionnelle, mais avec une nette tendance protestante. Nos locaux étaient situés à l'arrière d'un temple protestant.

C'est l'époque de mes premiers débats théologiques, lorsque je leur demandai pourquoi et contre qui ils protestaient...

Harfang (que je salue au passage) avait déployé un certain zèle à m'éclairer sur l'histoire du protestantisme et la teneur de la foi protestante. Chipmunk (alias Riri, qui deviendra à son insu un des personnages les plus importants de ma vie) m'initiait à une certaine idée d'un dieu unique. Ce fut la première étincelle d'un feu qui a embrasé ma vie...

Un seul dieu. Créateur Unique. Non pas le saint patron d'une kyrielle d'autres saints intermédiaires plus ou moins élus ou « sanctifiés » par les hommes eux-mêmes. Au gré de leur humeur...

Je ne sais pas à quel point cette vision là d'un dieu unique est réellement conforme au protestantisme, mais je me souviens bien que pour la première fois je sentais un peu de logique dans la chose.

❀❀❀

1 Le totem est un surnom scout, un nom d'animal en fait, qui est choisi par la troupe et offert au scout après quelques épreuves symboliques. Ce surnom est censé représenter les qualités humaines et morales de celui qui le porte.

2 En évocation de son caractère prévoyant.

Constellations et Voie Lactée

Imaginez une clairière, par une nuit d'été assez douce. Les bois qui entourent la clairière dressent les ombres de leurs érables, leurs frênes et leurs pins en un rideau noir qui met en valeur la voûte étoilée. Le ciel est tellement empli d'étoiles que vous ne vous imaginiez pas qu'il y en ait autant dans toute la galaxie.

Quelques lucioles vertes glissent de-ci de-là dans l'air. La troupe de scouts vient de terminer la veillée autour du feu. Des jeux, des blagues et bien sûr des chants accompagnés de guitare, assis dans l'herbe.

Le groupe se disperse. Couvre-feu dans 40 minutes.

Je faisais découvrir à Chipmunk et Hamster la trace laiteuse qui barre le ciel. En y plongeant nos yeux au plus profond, en les forçant à oublier les dernières lueurs du feu pour se concentrer sur cette trace fantomatique, on finit par y découvrir des milliers, des milliards de minuscules étoiles. Si minuscules et si concentrées qu'elles forment cette trace laiteuse dans le ciel. A peine un léger voile.

« C'est la voie lactée » dis-je.

« Tu rigoles ? » demande Hamster.

« Non je t'assure. En vacances, en France, on la voit aussi. C'est mon père qui me l'a montrée la première fois. C'est notre galaxie, les mecs. »

« Trop fort... - dit-il. Mais en fait, une galaxie, c'est pas censé être plus ou moins un disque, avec une forme plus ou moins ronde ? »

« Si, bien sûr – répondis-je – mais là, en fait on la voit sur la tranche. La terre, le système solaire est situé sur un des bords de la galaxie. Donc on la voit sur sa tranche. »

Chipmunk s'y connaît un peu aussi en astronomie : « Vous imaginez les milliards de soleils qu'on voit en ce moment ? Chaque étoile est un soleil et chacun d'entre eux a peut-être des planètes qui lui tournent autour. Des milliards de terres... »

Je confirme : « Oui, oui… Et encore, tout ça dans la seule voie lactée… Des galaxies y en a encore des milliards d'autres… »

Et Hamster conclut : « Tout ça devant nos yeux, là… »

Le silence nous prend. Je crois que quelque chose résonne dans le fond de nos âmes, une sensation d'infini, de grandeur. Il fait nuit noire, un léger souffle caresse les cimes des arbres autour de nous. Pas de bruit. Aucune lumière. J'ai l'impression de me fondre dans la création, entre l'herbe et les étoiles… de tout embrasser, du plus petit au plus grand, de me répandre tel un gaz en expansion jusqu'à la dernière étoile. Et de pouvoir sentir l'odeur de l'humus sous mes pieds se mêler à l'odeur d'une magnifique nébuleuse rouge et or.

« Tu crois en Dieu alors ? » me demande Chipmunk.

« Oui… Oui et non. » Répondis-je.

« Comment ça ? »

« C'est-à-dire que je crois en effet en un dieu créateur, on ne peut pas voir tout ça et se dire que c'est juste du hasard. Le hasard ça va bien une fois, pour te sortir un 6 quand tu joues aux dés. Mais ce qu'on a devant les yeux, c'est pas un 6 qu'il a fallu sortir. C'est une série interminable de 6 qu'il a fallu sortir. Et lorsque quelqu'un ne sort que des 6 avec son dé, ce n'est plus du hasard.

Alors je dis que je crois en un dieu Créateur. Ça oui. Mais pas en un dieu comme le montrent les religions. Ça non… »

« Bah, moi non plus, tu sais bien… »

« Oui. D'ailleurs le mot « dieu » c'est trop marqué, dis-je. J'ai lu que certains l'appellent « Le Grand Architecte », ça, ça me parle. »

« Oui… Pas mal… Mais en même temps, des architectes, y en a plein. Alors que le mot « dieu », il peut désigner un seul Dieu. Si tu me suis… » Chipmunk attaquait ma logique.

« Oui, c'est vrai, dis-je. Mais l'Architecte a le mérite de préciser le côté créateur ou organisateur de l'univers. Le mot « dieu » fait trop référence aux religions… »

« Mmh... T'as un problème avec les religions... Pourtant, t'es pas responsable de ce que les religieux ont fait de leur héritage. Tu peux construire ta propre religion... Qu'est-ce-que tu en penses ? »

« J'ai froid... » conclut Hamster.

Nous rejoignons nos tentes respectives, chacun sa patrouille. Je suis entré dans le mienne en silence.

Les plus jeunes dormaient déjà. Il ne manque personne, c'est déjà ça, je ne devrai pas partir à la recherche d'un scout égaré du côté de la patrouille des filles.[1] Ce soir tout est calme.

J'ai la tête qui bourdonne. Pas facile de trouver le sommeil après avoir tutoyé l'univers.

❀❀❀

1 Notre troupe, la 169ème SGP Marie Durant, était une troupe mixte. Les garçons comptaient deux patrouilles : les Tigres et les Hérissons. L'unique patrouille de filles était la patrouille des Renards. J'étais, du haut de mes 16 ans de l'époque, chef de la patrouille des Tigres.

Les signes

« Certes dans la création des cieux et de la terre, dans l'alternance de la nuit et du jour, dans le navire qui vogue en mer chargé de choses profitables aux gens, dans l'eau qu'Allah fait descendre du ciel, par laquelle Il rend la vie à la terre une fois morte et y répand des bêtes de toute espèce, dans la variation des vents, et dans les nuages soumis entre le ciel et la terre, en tout cela il y a des signes, pour un peuple qui raisonne. »

Le Coran, sourate Al Baqarah (La vache), verset 164

❃❃❃

Dimanche, jour du culte

Le lendemain, c'est dimanche. Jour du temple. Ceux qui le souhaitent vont s'y rendre. Rien d'obligatoire pour les autres. Oh, j'y suis bien allé une fois, par curiosité. Cela m'a suffi. Je préfère me tracer ma voie tout seul pour le moment.

Nous sommes peu à rester au camp. Hamster évidemment. Moi. Quelques autres. Mais pas Chipmunk. Sa famille est protestante et il ne voudrait pas manquer le culte (surtout que sa sœur et son beau-frère sont chefs louveteaux, y aurait de la « balance » familiale à prévoir...)

On glande au soleil. On bidouille un truc ou l'autre. On profite du temps comme on peut.

Allongé dans l'herbe encore fraîche du matin, je me rappelle un roman de Marcel Pagnol[1] où le curé traite de « mécréants » ceux qui, par pure défiance, prennent l'apéro en terrasse devant l'église à l'heure de la messe.

Heureusement pas de ça pour nous. Mes scouts protestants ne mangent pas de cette Hostie là...

Chez Pagnol, lorsque les sources de la région se tarirent, la majorité des mécréants étaient finalement retournés à l'église, au premier rang d'ailleurs, et également en tête des processions, implorant, les bras en croix, le retour de l'eau.

Je me demande si, en vrai, les malheurs ramènent les gens vers le temple. Les fameuses brebis égarées retournent-elles vers leur pasteur lorsque l'orage gronde ?

❀❀❀

1 « Manon des Sources », de Marcel Pagnol.

La mer prend l'Homme...

Anecdote : Un jour, une navigatrice a eu envie de réaliser un record. Elle ne savait pas encore lequel. Après quelques recherches, elle s'est rendu compte qu'une traversée de tel océan à la voile en solitaire n'avait jamais été réalisée par une femme. Elle pourrait donc réaliser ce record là et s'est mise à la recherche des sponsors nécessaires pour monter son expédition.

Il y a comme ça des gens qui sont nés quelques siècles trop tard. Pour une âme d'aventurier, tout a déjà été découvert, exploré, pillé puis détruit... Mais, comme un Christophe Colomb qui ne se résoudrait pas à devenir affréteur pour une société de transport maritime, ma navigatrice a besoin d'espace vierge et elle décide de « péter » un record quoi qu'il arrive.

Elle prend la mer en solitaire avec son petit bateau et après quelques semaines de navigation périlleuse (on ne réalise tout de même pas de record sur une mer d'huile), son mât se brise en pleine nuit, se couche et menace de retourner l'embarcation. La mort nocturne en pleine mer démontée.

Alors, que fait-elle toute la nuit ? Elle prie. Mon Dieu, comme elle prie. Intensément. Profondément. Sincèrement. Avec une ferveur qu'elle ne se connaît pas. Elle se remémore des « Notre Père », des « Sainte Marie, mère de Dieu... »[1] qu'elle récite en boucle jusqu'au point du jour.

À l'aube, il faut bien faire quelque chose puisqu'on ne coule pas finalement, alors elle sort sur le pont. La mer est calmée et elle peut sagement décider de sacrifier son mât, récupérer la stabilité de son navire et bricoler une solution de secours qui la mènera à bon port.

Sans record, évidemment. Le seul record qui resta fut celui de rester en vie en grignotant ses portions lentement et en buvant son urine jour après jour.[2]

1 Selon la vision chrétienne des choses.

2 À court d'eau potable, boire de l'eau de mer lui aurait été fatal. La seule solution pour survivre fut celle-là...

Une fois sur le plancher des vaches, elle en aura des choses à raconter. Des frayeurs, des vagues, des balises détruites, des radios hors d'usage, des orages, du dégoût… et, c'est vrai, c'est vrai, des prières.

Ah ça ! Elle en rit aujourd'hui, un peu honteuse mais elle en rit en l'avouant : « J'ai prié. Oui, j'ai prié. Comme jamais. Prié, avant de me rendre compte que j'en sortirais à la seule force de mes bras… Et heureusement que je suis forte… Ah la la quelle histoire mes amis. Quelle histoire ! Que je suis heureuse d'être là pour vous le raconter… »[1]

❈❈❈

1 Maud Fontenoy, puisque c'est d'elle qu'il s'agit, a conté quasiment mot pour mot cette aventure lors de sa participation à l'émission « La parenthèse inattendue » sur France Télévision. C'est en toute sympathie que je la cite ici.

Le Seigneur des mers et des vents

« Votre Seigneur est Celui qui fait voguer le vaisseau pour vous en mer, afin que vous alliez à la recherche de quelque grâce de Sa part; Certes Il est Miséricordieux envers vous,

Et quand le mal vous touche en mer, ceux que vous invoquiez en dehors de Lui se perdent. Puis, quand Il vous sauve et vous ramène à terre, vous vous détournez. L'homme reste très ingrat! »

Le Coran, sourate El Isra (Le voyage nocturne), versets 66 et 67

❀❀❀

Le jour où naquit Yousouf Islam...

Que l'on se comprenne bien : il n'est nullement question ici de faire un quelconque procès à cette navigatrice. Seigneur, que chacun s'occupe tout d'abord de lui-même ! Et que chacun se rappelle aussi qu'en dernier recours, c'est Lui le Juge par excellence.

« Et Allah n'est-il pas le plus sage des juges ? » Le Coran, sourate At Tîn (Le Figuier), verset 8

Par ailleurs, je pense personnellement que son attitude n'est certainement pas risible ou critiquable. Je suis même certain qu'elle a agi en parfait accord avec son âme. En parfaite intégrité, même. Selon sa logique du moment.

Mais la certitude d'un jour est le lendemain remise en cause. C'est ce qu'a dû se dire Cat Stevens lorsqu'une mésaventure comparable lui est arrivée.

Le célèbre chanteur, auteur de « My lady D'arbanville » et autres nombreux succès, était au faîte de la gloire lorsqu'il a décidé de se convertir à l'Islam. Des amis à moi l'ont un jour rencontré et il leur a conté son histoire.

Il avait tout : succès, argent, renommée internationale, c'était une grande star, le Cat Stevens. Mais de tout ça, il ressentait pourtant un vide. Un vide interne, que rien ne pouvait combler. Il avait pourtant essayé à peu près tout ce que pouvait lui offrir son statut. Rien n'y faisait.

Il se sentait creux.

Un matin, il se rend à la plage, il se jette à l'eau et se met à pratiquer ce sport qu'il adore : la natation. Il nage, heureux de la fraîcheur de l'onde, il nage... Sans remarquer ce courant qui se présente, le happe et l'emmène au large.

Lorsqu'il s'en rend compte, il tente de lutter, en vain, contre les vagues et les courants et il s'épuise physiquement. Un corps humain est bien faible lorsqu'il est happé par les forces de l'océan. Il lui reste juste assez de lucidité pour réaliser que son compte est bon. Son heure a sonné. Il va sombrer, se noyer.

Il lutte, happant l'air de désespoir. Avant de perdre connaissance, il lui viendra le même réflexe que ma navigatrice : il prie. Il prie le Seigneur de cet océan en furie. Il prie pour que le Créateur des mers et des vents lui épargne la vie.

C'est en priant qu'il perd connaissance.

Il se réveillera trempé et épuisé mais vivant sur la grève du littoral et en son cœur il sent que c'est une réponse qui lui est parvenue.

Prenant intimement conscience que cette réponse lui est venue du Créateur de toute chose, il se met à sa recherche. Où est-Il ? Où se cache Sa parole ? Quel est la clef de Son agrément ? Il s'intéresse un temps au christianisme, sans grand résultat. Il cherche sa voie. Il persévère.

Puis un jour, il ouvre ce livre que son frère lui avait rapporté en cadeau, de retour d'un voyage. Il s'agit du Coran.

L'effet est foudroyant. Pénétrant. Embrasant son âme et son être. C'est ça ! C'est ça ! Ce livre ! C'est la parole !

De ce livre, de cette parole, de cette religion, il emplira son âme et connaîtra une seconde vie.

Ainsi Cat Stevens devint Yousouf Islam.

À la croisée des chemins

Une histoire n'est pas l'autre. Et tout chemin ne se clôt qu'une fois arrivé à bon port. L'Islam enseigne qu'une personne peut effectuer ce chemin en se rapprochant sans cesse du Paradis et de l'Agrément Divin, puis, à sa mort elle commet un acte des gens du feu et y finira jetée.

Tout comme à l'inverse, une personne peut effectuer son chemin sur la voie du feu jusqu'à s'y rapprocher d'un empan, puis avant sa mort, elle commet un acte des gens du Paradis et y sera promise.

C'est tout le secret des destins qui se dévoile dans cette sagesse. Le mérite des uns et des autres ne peut être connu de nous, fût-ce en apparence. Seul Dieu sait ce que cachent les poitrines et la valeur de Ses créatures.

Face à celui qui accepte la voie de Son Seigneur, comme face à celui qui la rejette, sachons rester humble et conscient de notre ignorance quant au devenir que Dieu réserve à l'un et à l'autre. Par ailleurs, qui peut se vanter de connaître sa propre valeur aux yeux de Dieu ?

Souhaitons simplement le meilleur pour tous, par la guidée, la sincérité et l'Agrément.

La brico-philosophie

Bref… Tout ceci nous a emmené bien loin de mes scouts, revenons donc vers la moitié des 90's.

Je côtoyais Hamster et Chipmunk en dehors du mouvement de jeunesse. Hamster est un ami d'enfance, nous habitions le même quartier. Ensemble nous avions fondé un groupe de musique rock. Overhead, que ça s'appelait. Harfang nous accompagnait à la guitare et Chipmunk au chant.

Nous passions énormément de temps ensemble. Chipmunk m'avait appris à gratter des accords de guitare autour des feux scouts, entre 2 séances de brico-philosophie. Harfang m'enseignait les secrets de la distorsion électrique. Hamster à la batterie et Coati à la basse.

Nous faisions nos premiers concerts aux fêtes scoutes en chantant la justice et la liberté. Les années s'écoulaient. Notre passion nous réunissait.

Entre deux répétitions, nos ateliers de brico-philosophie continuaient comme jamais.

Un samedi soir, Chipmunk m'a conseillé un livre… Ce fut un déclic. J'avais environ 20 ans.

❀❀❀

Un cap

J'étais déjà attentif à la création comme œuvre. Je devenais également attentif au Créateur de cette œuvre. Où est-Il ? Que nous veut-Il ? Si nous avons été créés, pourquoi ? Dans quel but ? Quel en est le sens ?

Jusqu'alors, les messages religieux classiques ne me semblaient pas y apporter une réponse satisfaisante. C'est que ces textes sont tellement révisés à la main de l'homme qu'y accorder un crédit divin relève de la stupidité.

Je les voyais alors comme des pures constructions humaines. Des enseignements hérités de Sages, que des fanatiques après eux ont fait Dieu, avant d'en trahir l'essence et de les réécrire et les réinterpréter en fonction de leurs intérêts.

Je comprenais que la réforme protestante avait eu comme origine le refus de ces traîtrises et ces accommodements faits aux textes, mais...

Mais pour moi, nul besoin de réformer ce qui, dès le départ, serait un produit de l'homme. Fût-il un Sage.

Je pouvais moi aussi tracer ma voie par la contemplation et les méditations, la philosophie peut-être, les lectures sûrement. Aucun besoin de textes antiques et archéologiques qui avaient par ailleurs été vecteurs de tueries, d'inquisitions et de guerres de religion. Très peu pour moi.

Mais Chipmunk m'a ouvert, sans le savoir et sans s'en rendre compte, une nouvelle porte de réflexion et d'investigation.

L'ouvrage qu'il m'avait conseillé[1] traitait de certains sujets que nous affectionnions : le merveilleux, la création, la beauté du vivant, le miracle de l'univers. Mais, dans un chapitre particulier, son auteur mettait le doigt sur un aspect qui m'intrigua beaucoup.

Il relisait les textes bibliques à l'aide d'outils divers : linguistiques, scientifiques... Il comparait les traductions successives, l'araméen, l'hébreu, le grec, le latin... Il y cherchait les convergences, en étudiait la symbolique.

1 « La faim du tigre » de René Barjavel.

Sa thèse : les textes ont été indéniablement modifiés par la main de l'homme, mais il y subsiste pourtant certaines tournures symboliques qui ont pu traverser les traductions, échapper aux modifications et qui font référence à des faits qui ne pouvaient en aucun cas être connus par les auteurs supposés des textes. Qui ne pouvaient être connus que par... Dieu ? Qu'importe comment on le nomme...

La foi germait alors en mon cœur. Ces explications, ces interprétations libres et personnelles ont éveillé certaines choses en mon âme. Je sais, pour en avoir discuté avec d'autres personnes, et en premier lieu Chipmunk lui-même, que ma réaction n'est pas partagée par tout le monde. C'est ça le mystère de la foi : il touche à l'invisible, à l'intangible, il ne s'explique de manière empirique, par des faits quantifiables et vérifiables. La foi ne se *transmet* pas.

Ce fut un choc pour moi : alors finalement ces textes bibliques avaient donc été inspirés, au moins en partie, par le Créateur.

Quel crédit apporter à ces histoires de prophètes élus ? Je n'en savais encore rien. Quel crédit accorder aux différents textes religieux ? Je n'en savais encore rien. Mais il semblait bien qu'une partie du message avait pu nous parvenir. Et cela suffisait à motiver mon intérêt dans une voie qui ne m'était jamais apparue auparavant.

L'auteur affirmait n'avoir utilisé que des lectures très simples des textes et que tout un chacun pouvait certainement en faire autant.

Je me décidai alors à cette époque à me procurer une bible et à y rechercher les bribes du message.

❀❀❀

La Bible

La première bible que je trouvai fut l'édition illustrée de mon enfance. Je n'y trouvai absolument rien d'intéressant et je mettais cela sur le dos de l'extrême liberté prise avec le texte original. Il s'agissait, il est vrai, d'une version condensée de l'ancien et du nouveau testament, rédigé dans une langue adaptée à l'éducation des enfants.

J'avais eu une fois l'occasion de compulser une version complète de la bible, mais ça avait été avant de m'y intéresser réellement. Mais je m'étais promis de tout faire pour m'en procurer une. Je voulais lire ce texte afin de, peut-être, y découvrir des bribes du message révélé par le Créateur.

Mais en fait de bible, ce fut bien plus rapidement un Coran que je tins entre les mains.

La quête

« Lorsque mon serviteur vient à Moi en marchant, Je viens à lui en courant »

Hadith divin, rapporté par al-Bukhârî.[1]

❀❀❀

1 Un « hadith » est une parole rapportée du Prophète de l'Islam, le terme « divin » indique que le message est un message divin, c'est-à-dire qu'il provient d'Allah directement. Quant à al-Bukhârî, il s'agit du nom de l'auteur du recueil où ce hadith est rapporté.

À Dresden

Début des années 2000, à 23 ans, je terminais mes études supérieures et je passais mon stage en Allemagne, dans le cadre d'un échange étudiant. Nous étions quatre étudiants de ma faculté à nous exiler en Allemagne pour quelques mois.

Ce stage représentait pour moi un formidable tremplin professionnel. Le petit « plus » qui me démarquerait par rapport aux autres. L'occasion de parfaire ma pratique de la langue allemande.

Aussi, je quittai mes amis, mes proches, ma famille le cœur léger, en partance vers une expérience dont je savais à l'avance qu'elle serait enrichissante. Mais je n'imaginais même pas à quel point elle le serait.

Pour m'accompagner, Lionel, athée, bon vivant, bon fêtard, comme moi (ou presque), mais également Kayhan et Emra, deux étudiants en commerce, belges d'origine turque. Musulmans.

Lors de nos voyages, de nos sorties, de nos soirées, fort de mon petit savoir sur les turcs et les musulmans, j'engageai naturellement la discussion sur le terrain de la foi, de la croyance.

Heureux de trouver quelqu'un qui croyait en Dieu, Kayhan, surtout, m'initia à la foi musulmane. En simple observateur. A titre informatif.

Je l'initiai à mon tour à ma vision des choses : je croyais en un Dieu Créateur, présent en toute chose, selon ma vision panthéiste[1] de l'époque, qui était probablement à l'origine des textes religieux et qui attendait de nous de Le reconnaître, Le rechercher, être attentif à Ses signes, Sa Création... J'étais, comme je le lui confessais, toujours en recherche mais je sentais avoir la vie devant moi pour en découvrir encore davantage.

Lorsque j'ouvrai le sujet des textes révélés, je constatai que Kayhan portait une véritable vénération au sien, le Coran.

1 Le panthéisme est le fait de voir Dieu présent en toute chose. Cette doctrine est contraire à l'Islam qui considère le Créateur distinct de Sa Création.

Je lui avançai que, selon moi, tous les textes religieux avaient probablement une origine divine, mais que trop de modifications humaines avaient brouillé les pistes et souillé le message original. Ma voie serait celle des sages, une voie personnelle, à tracer au cœur de l'expérience de ma vie, loin de ces textes apocryphes.

Kayhan sursauta : « Ce que tu ne sais peut-être pas, c'est que mon livre (et il me désigna le Coran qu'il tenait dans la main) est à l'abri de toute modification et ce, depuis toujours… Il n'a jamais été modifié. Il est toujours tel qu'il fut révélé au prophète Mohammed… »[1]

À ce moment précis, ma vie a basculé.

❀❀❀

1 En effet, le Coran est préservé dans les poitrines des millions de personnes qui l'ont appris par cœur en toute époque. Nulle modification ne pourrait jamais se glisser dans son texte.

La mystique

« Quoi ? Tu veux dire que ce livre est à l'identique depuis sa révélation ? Tu rigoles ? Mais c'est exactement ce que je recherche : la parole épurée du Créateur, isolée de la main de l'homme ! Comment faire pour m'en procurer un ? »

« Rien de plus facile. »

Deux semaines plus tard, un colis postal me parvenait. C'est le même Coran que je possède toujours aujourd'hui. Il avait appartenu à un certain Ahmed qui y avait inscrit son nom derrière la couverture. J'y ai inscrit le mien depuis.

Je ne sais pas de qui il s'agit mais, si tu lis un jour ces lignes, ô Ahmed, sache que ton sacrifice consenti a une valeur que rien ne pourrait racheter.

C'est une époque très importante de ma vie, très mystique, avec la sensation de presque ressentir la guidée descendre dans mon cœur et inspirer mes pensées. Beaucoup de choses, énormément de détails de cet ordre ont peuplé cette période.

J'avais l'impression que mon désir de trouver fut entendu et qu'il y fut donné réponse d'une manière prompte et détaillée par tous les atomes que l'univers pouvait compter. Ce sont des sensations difficiles à évoquer par des mots.

Les termes qui la décriraient le mieux seraient : Proximité. Ecoute. Présence. Bienveillance.

Je les cite sans y réfléchir, juste par ce que m'a inspiré ce moment particulier. Pour en avoir parlé avec d'autres convertis, je sais que plusieurs ont vécu la chose de manière similaire. Avec l'impression d'être entendu lorsqu'un questionnement se fait jour en nous et de recevoir la réponse par jaillissement tout autour de nous, par des voies nombreuses et variées.

Il est évident que Seul le Créateur et l'Ordonnateur peut ainsi agir sur sa Création.

❀❀❀

La Parole

Je me rends à la poste de Dresden pour y prendre possession de mon colis. Je sais que c'est le Coran que Kayhan m'a promis.

Je rentre chez moi, je suis fébrile. J'ai entre les mains la parole divine originale telle qu'elle fut révélée à un prophète. Je déchire le papier de l'enveloppe, je m'assieds sur mon lit et ouvre respectueusement cet exemplaire français arabe du Coran. Chaque page est en vis-à-vis : une en arabe et sa traduction en français.

J'ouvre le livre et en lis les premiers mots :

« Dis : Il est Dieu, l'Unique ! Dieu, le Seul à implorer, Il n'a pas engendré et n'a pas été engendré, Et rien ne lui est égal »

Le Coran, sourate El Ikhlas (Le monothéisme pur), versets 1 à 4

Je tremble aujourd'hui en repensant à ce que furent mes premiers contacts avec la Parole du Très Haut.

Je feuillette le livre mais je suis perturbé : la numérotation est imprécise, le texte ne semble pas être continu. Les idées ne se suivent pas…

Un cri dans le couloir. Des voisins se disputent bruyamment.

Je suis déçu, un instant je m'imagine être en possession d'une version incorrecte. Je me dis aussi que le Coran est peut-être un texte à clefs, qu'il faut pouvoir comprendre. Qu'il me faudra du temps et un apprentissage pour y parvenir…

Une ambulance passe avec la sirène à fond. Des pneus crissent. Une télévision hurle.

J'essaie malgré ce bruit intense de me concentrer mais n'y parviens pas. Je veux comprendre. D'autres bruits affreux déchirent l'atmosphère. Je n'en peux plus… Des corneilles se font la guerre devant ma fenêtre.

J'abandonne. Je suis déçu…

Je referme le livre et me pose un instant. Pourquoi l'avoir tant cherché et ne pas pouvoir m'y adonner pleinement et tout de suite ? Pourquoi, alors que le quartier est habituellement calme, y a-t-il aujourd'hui une telle conspiration sonore ?

Comment est-ce que... ?

Un moment ! Un moment !!! Mais, *mon pauvre idiot*, le Coran original est écrit en arabe. Il se lit donc non pas de gauche à droite mais de droite à gauche. Ainsi, le livre ne s'ouvre pas avec la tranche à gauche, comme tous les livres français, mais *à l'envers*, avec la tranche à droite, pour le lire par la droite, comme un livre arabe !

Mais oui ! Je retourne le livre, que je tenais en fait à l'envers, et j'ouvre à la première page : Al Fatiha. Sourate « L'ouverture ».

Je lis :

« Au nom de Dieu, le Clément, le Très Miséricordieux. Louange à Dieu, Seigneur de l'univers.

Le Tout Miséricordieux, le Très Miséricordieux,

Maître du Jour de la rétribution.

C'est Toi [Seul] que nous adorons, et c'est Toi [Seul] dont nous implorons secours.

Guide-nous dans le droit chemin, le chemin de ceux que Tu as comblés de faveurs, non pas de ceux qui ont encouru Ta colère, ni des égarés. »

Le Coran, sourate El Fatiha (L'ouverture), versets 1 à 7

Ni colère ni égarement, mais le droit chemin. Tout à fait. Tout à fait... Je tourne la page, je lis. Sourate Al Baqarah, « La vache » : « Alif, Lam, Mim.[1] Voici le livre au sujet duquel il n'y a aucun doute... »

Je lève la tête, les larmes aux yeux. Et je constate qu'un calme olympien règne sur le quartier. Un calme tout à fait propice à une lecture attentive et méditative.

Je n'en reviens pas. Le monde me laisse en paix avec la parole du Très Haut.

---

1 Il s'agit de trois lettres arabes. Leur présence en début de certaines sourates du Coran représente un défi lancé aux Arabes de reproduire un livre identique au Coran pourtant révélé dans les mêmes lettres que celles de leur langue.

Quelques jours plus tard, je me convertis dans une petite mosquée de Dresden. C'était en avril 2001.

❁❁❁

La conversion

Je me suis rendu à la mosquée en compagnie de Kayhan et Emra. Là-bas, en présence de notre imam, j'ai prononcé la profession de foi, paroles par lesquelles on entre en Islam :

« Achadou an la ilaha illa Allah, wa achadou anna Mohammadan rasoulouLlah »

Ce qui signifie : Je témoigne qu'il n'existe aucune divinité digne d'être adorée si ce n'est Allah et je témoigne que Mohammed est le Messager d'Allah.»[1]

L'imam m'a pris dans ses bras. Il pleurait.

---

1 En Islam, il s'agit de reconnaître Allah comme le Créateur de toute chose, l'Ordonnateur de toute chose, sous la Puissance de qui tout ce qui existe se trouve en tout instant. Il s'agit ensuite de Lui vouer notre vie et notre adoration. Adoration qui prend des formes diverses, telles que la prière, le jeûne de Ramadan et autre, la lecture du Coran, la bienfaisance, la générosité et toutes autres actions méritoires, mais également qui s'incarne dans les aspects les plus anodins de notre vie. En effet, nulle seconde de notre temps en ce bas monde ne se déroule sans que nous ne soyons au sein de Sa création, au contact de Ses créatures, sans que nous ne soyons en possibilité d'agir en sorte de Lui plaire. Ainsi, le Croyant voue réellement sa vie à Son Seigneur en tous ses aspects. Reconnaître ensuite Mohammed comme étant Son Messager, c'est reconnaître qu'il fut le porteur de ce message, celui qui fut chargé de le transmettre. Suivre cet enseignement représente donc la voie à suivre pour le croyant musulman. Tel est, en résumé, le sens de cette double attestation de la foi musulmane.

Au téléphone

Mes parents ont pris ma conversion en pleine poire, en fin d'une discussion téléphonique.

Les pauvres... Eux qui n'ont rien su de mon cheminement spirituel, ils étaient probablement restés sur l'idée de l'athée vaguement militant, grandement je-m'en-foutiste, nihiliste hédoniste...

« ... Ah oui, papa, au fait je crois que je deviens tout doucement musulman. Je vais sûrement me convertir d'ici peu... »

« Euh... ... ... »

Pourquoi par téléphone ? Je ne sais pas. Cela s'est fait dans l'instant, comme ça.

Lorsque je suis rentré en Belgique, j'étais revenu avec ma foi. Mes parents ont eu un peu de mal au début, ils ont cru à une lubie passagère. Ils ont gagné en nervosité à mesure que les années passaient, mais sans grand éclat, ils se sont faits à l'idée que leur fils était désormais musulman.

Puis, mon mariage, puis, mes enfants... Ils les adorent. Mes gosses les adorent aussi.

Après une quinzaine d'années, l'histoire est passée, et plutôt bien. Mais ce n'est pas toujours les cas, et j'ai de nombreux amis et connaissances musulmans pour qui cette histoire ne s'est pas déroulée de la même manière.

Apprendre la conversion de son enfant n'est assurément pas une chose qui coule de source. Surtout à notre époque.[1]

Aussi, si je devais laisser un conseil, un seul, ce serait celui de ne pas laisser nos proches dans l'ignorance de notre cheminement spirituel. Parfois, ce ne fut pas mon cas, mais des amis l'ont vécu, le choc est plus important. La chose est plus difficile à avaler, d'autant plus qu'on n'y a pas été préparé au préalable.

1 Nous vivons en effet une époque de troubles intenses où sont médiatisées les pires exactions commises au nom de l'Islam. Les convertis n'échappent pas à ces troubles.

Ménagez vos parents. Ils sont, sur terre, ceux qui ont le plus de droit sur vous.

❀❀❀

Les parents

« Nous avons commandé à l'homme [la bienfaisance envers] ses père et mère; sa mère l'a porté [subissant pour lui] peine sur peine : son sevrage a lieu à deux ans." Sois reconnaissant envers Moi ainsi qu'envers tes parents. Vers Moi est la destination.»

Le Coran, sourate Loqman[1], verset 14

❁❁❁

1 Il s'agit d'un personnage connu sous le nom de Loqman le sage, dont l'histoire et les enseignements sont évoqués dans cette sourate qui porte son nom.

Bref, je me suis converti à l'Islam...

Cette première partie fut l'occasion d'aborder certains thèmes qui sont communs non seulement aux convertis mais aussi à bon nombre d'êtres humains. Parmi ces thèmes :

Les questionnements de tout un chacun sur le sens de la vie, de la mort, de la foi...

Les confusions courantes entre arabes et musulmans (et nous aurons l'occasion d'y revenir)

La naissance de la foi

Le choix de l'Islam et sa découverte progressive...

Ces thèmes se vivent évidemment différemment d'une personne à l'autre et nous n'avons ici qu'un aperçu très personnel de la manière dont, moi, je les ai vécus.

Gageons que vous-mêmes ne les vivez pas de la même manière, mais il est fort probable que nous en partagions certains aspects en commun.

C'est ce partage qui est intéressant.

Dans la partie qui suivra, nous allons découvrir un nouvel aspect de la vie des convertis : la réaction familiale à la conversion d'un membre de la famille...

❁❁❁

Luigi et la Mama

Si je peux dire que ma conversion s'est relativement bien déroulée sur le plan familial, ce ne fut pas toujours le cas pour de nombreuses personnes que j'ai côtoyées.

Certains sont des amis, des proches, d'autres sont de simples connaissances. Mais le point commun de leur histoire est la difficulté à faire « avaler » la pilule de leur conversion au sein de leur famille.

Avec une mention spéciale pour mes amis et connaissances d'origine italienne, à qui je dédierai le prochain récit.

Je vous propose d'imaginer pour quelques pages un personnage que nous nommerons Luigi. Nous incarnerons en lui certains traits communs à plusieurs histoires dont j'ai été le témoin.

C'est ainsi : notre Luigi fut confronté à une épreuve importante au sein de sa propre famille. Une épreuve que bien d'autres ont connue et que bien d'autres connaîtront. Il y est question, notamment, de la maman…

❀❀❀

« Un homme se rendit chez le Prophète et lui demanda : « Qui mérite le plus ma compagnie ? »

« C'est ta maman », lui dit le Prophète.

« Et puis qui ? » demanda-t-il.

« Ta maman. » lui dit le Prophète.

« Puis qui ? » demanda-t-il à nouveau.

« Ta maman », lui dit le Prophète.

« Puis qui ? », demanda-t-il à nouveau.

« Ton papa », lui répondit le Prophète ».[1]

---

1 Hadith authentique rapporté par al-Bukhârî et Muslim. Parmi toutes les personnes de la Création, ce sont les parents qui possèdent le statut le plus élevé en Islam. Loin devant les amis, les frères et sœurs, voire même les conjoints…

Luigi se convertit à l'Islam au sein d'une famille mixte. Sa maman est italienne. Et comme pour beaucoup d'italiens, le christianisme est un traceur important dans la vie.

La Croix, La Sainte Vierge, la Bible occupent une place d'honneur dans la maison. Luigi lui-même y était fortement attaché alors qu'il n'était pas encore musulman.

Mais cet amour immense de la chose chrétienne se double chez sa maman d'un rejet, pour ne pas dire une haine assez vive de tout ce qui s'approche de près ou de loin de l'islam et des musulmans. Des arabes.

Lorsque son fils, la chair de sa chair, se convertit à l'islam, c'est une trahison dans son cœur et sa chair qui se joue au sein de sa demeure.

❁❁❁

« Deux ans ?!? Tu rigoles ? Deux ans que ta mère ne t'a pas parlé ??? »

Luigi se trouve avec un de ses amis, converti lui aussi et il vient de lui annoncer cette chose étrange...

« Eh oui, vieux, deux ans... Et je te promets que quand tu habites dans la même maison, ce n'est pas évident. »

L'autre n'en revient pas : « Mais... comment ça se passe au quotidien ? »

« C'est simple, lorsque j'entre dans une pièce où elle se trouve, ma maman se fige, elle se raidit... et elle se tait. Elle détourne le regard, se lève et quitte la pièce... »

« Ow... glacial de chez glacial... c'est horrible. »

« Heureusement, mon frère m'aide à tenir le coup. »

« Et ton père ? Il ne te nie pas lui ? »

« Non, non... Pas vraiment. Mais disons qu'il est solidaire de son épouse. J'imagine qu'il ne se voit pas garder une relation normale si la Madre a choisi une autre voie. C'est vraiment une drôle de situation... »

« Pourquoi tu ne prendrais pas un appartement ? Ou un kot[1] ? »

« Ouais... ouais... j'y ai pensé. Mais je dois terminer mes études, en juin cette année incha Allah. Après, on verra. Mais pour le moment, je ne me vois pas quitter la maison. Et puis, tu sais, ma mère, c'est tout pour moi. Je ne me vois pas quitter la maison dans cette situation... Pas comme ça... »

« C'est dingue... t'avais pas prévu ça, en te convertissant, j'imagine... »

« Si, si... bien sûr que si... Je le savais... dès le début... »

« T'es sérieux ? »

« Oui. Je le sentais. Je savais que ma mère aurait du mal à comprendre, à accepter la démarche. Je subodorais le rejet. Mais je n'imaginais pas que cela durerait aussi longtemps... Elle est dure, elle est patiente... »

« Et... tu crois qu'elle s'y fera ? »

« Oh oui. J'espère. Je m'y emploie tous les jours... »

❀❀❀

La Mama ne comptait pas laisser sa vie et sa demeure se faire souiller par ces nouvelles manies d'arabe. Elle ne voulait pas entendre parler de viande halal. De prières. De barbe. De Coran. Ça non ! Où se croyait-il ? Elle était encore chez elle. Et elle n'accepterait pas cette lubie ridicule !

Oh, c'était venu petit à petit. Au début, il avait été très discret, bien entendu. Il avait cru se jouer de son instinct ? De sa vigilance ? Elle avait tout de suite repéré les changements. Comme lorsqu'il évitait de manger à la maison, au tout début. Il ne mangeait plus que rarement en famille. Il négligeait même ses plats préférés.

Elle n'avait rien dit, elle avait cru à une passade. Mais d'autres petits changements lui sautèrent aux yeux. Il modifiait totalement ses habitudes.

Quelque chose se passait. Elle s'était décidée à découvrir ce que c'était. Elle enquêta discrètement, releva des indices...

1 Une chambre d'étudiant

Et puis un jour… tout s'est mis en place dans sa tête. Les pièces du puzzle se sont assemblées et elle a compris. Elle a compris ! Elle a saisi la trahison !

❁❁❁

Elle lui a jeté son rejet à la figure. Directement. Et elle lui a posé la question frontalement : « Tu es devenu musulman, c'est ça ? » Elle était déjà dure et fermée. Elle savait.

C'était violent. Il n'avait pas pu esquiver. Bien sûr qu'il était musulman. Il avait essayé de s'expliquer, de relativiser. De se faire comprendre. En vain.

Ce fut une des dernières « conversations » qu'ils ont tenues avant une très longue période. Le début d'une longue période glaciaire.

❁❁❁

Pour Luigi, c'est un vrai déchirement qu'il vivait au quotidien. Sa maman avait décidé de le pousser dans ses derniers retranchements. A l'invasion arabe dans sa maison, elle répondit en prenant les armes. Elle passait à l'attaque.

Virulente. Offensante. Elle refusa alors de le côtoyer. De s'occuper de ses affaires. De cuisiner pour lui. Il ne mangeait plus de cette viande ? Très bien ! Il pouvait aussi oublier tout autre plat. Aucun accommodement ne serait au programme. Qu'il se débrouille ! Qu'il assume sa trahison !

Les premiers mois de la conversion de Luigi se déroulèrent ainsi dans un état de guerre larvée. Une guerre de tranchées établie pour la durée.

Et pourtant, il aimait sa maman. Il l'adorait. C'était la Mama. Jamais il n'aurait accepté de lui faire un quelconque tort. Aussi, la voir souffrir tant de son Islam le déchirait.

Mais la foi ne se négocie pas. Sa certitude et sa sincérité étaient telles qu'il prit acte de l'épreuve que le Seigneur lui a envoyée dans sa propre famille.

❁❁❁

« Je suis un étranger dans la propre maison de mes parents. Honnêtement, j'ai l'impression d'être à peine toléré. »

« Ah oui, je vois ça... »

« Jusqu'ici, tout allait bien dans le meilleur des mondes. Mes parents ont toujours été les plus prévenants envers moi et mes frères. Aujourd'hui, c'est presque une destitution.

Mais je continue ma technique, ça passera, tu verras. »

❁❁❁

Sa technique... Luigi avait dès le début décidé de répondre au mal par le bien. Pour chaque insulte, il entendait bien répondre par la bienfaisance.

Ça lui coûtait bien sûr, ce n'est pas évident de vouloir faire du bien à une personne qui vous rejette et vous repousse constamment.

Mais c'est ce que sa foi lui dictait. Ce sont les enseignements qu'il avait trouvés en Islam qui le dirigeaient en ce sens.

Il avait découvert dans le Coran ces paroles concernant les parents :

« ...Si l'un d'eux ou tous deux atteignent chez toi leur grand âge, ne leur dis pas «ouf», ne leur réponds pas avec brutalité et tiens-leur un langage généreux. Baisse pour eux l'aile de l'humilité par miséricorde et dis : «Seigneur ! Aie-les en Ta clémence comme ils m'ont élevé enfant. »

Le Coran, Sourate El Isra (Le voyage nocturne), versets 23 et 24

Si le Coran appelait à la bienfaisance envers les parents, il ne négligerait ni son père, ni sa mère, évidemment. D'ailleurs, le Prophète de l'Islam avait un jour conseillé à une musulmane de garder de bonnes relations avec sa mère alors qu'elle refusait l'Islam.[1]

Et à l'époque du Prophète, les musulmans qui se trouvaient à ses côtés, ses compagnons, étaient tous des convertis, si on regarde bien. Ils avaient donc vécu toutes ces situations difficiles... Alors si eux avaient souffert et patienté, il patienterait lui aussi...

S'il passait devant chez un fleuriste, il entrait et achetait un bouquet des fleurs préférées de sa maman. Il allait ensuite les déposer sur la table de la salle à manger, sans qu'elle le voie.

Il constatait que parfois les fleurs disparaissaient, direction la poubelle, mais qu'importe...

Des fleurs, des chocolats, des pâtisseries, des petits cadeaux, tout ce qu'il pouvait, tout ce qu'il trouvait.

Patiemment. Calmement. Sereinement. Le temps passait.

Puis, un jour, par l'intermédiaire de son frère, un message lui parvint :

« Maman voudrait que tu déblaies le terrain derrière la maison de la chaussée. »

« Mais oui ! Et avec joie ! »

Et comment ! Bien sûr qu'il le déblaierait, et avec le sourire par-dessus le marché...

La maison de la chaussée était un bâtiment qui avait appartenu à la famille et dont ils avaient hérité. C'était une belle bâtisse, mais qui avait besoin d'une profonde rénovation.

Le terrain attenant, en particulier, était un véritable dépotoir. Mais si la Mama souhaitait que ce terrain soit déblayé, il le serait.

Il mit toutes ses affaires en attente et fit honneur à cette demande venue par des voies détournées.

Une fois le travail réalisé, il informa son frère que le terrain était prêt. Il savait que sa maman recevrait bientôt l'information.

1 Selon un hadith rapporté par al-Bukhârî, Muslim et Abû Dâwud.

Il ressentait un plaisir immense dans cette affaire.

❁❁❁

Une fois l'épisode du jardin passé, la vie reprit son cours sans autre changement apparent. Le blocus n'était évidemment pas levé.

À cette période, Luigi terminait ses études et avait fait la connaissance de celle qui deviendrait bientôt son épouse. Il cherchait du boulot et cherchait également à s'installer.

Maison… Appartement…

Alors, il eut la surprise de sa vie : son frère (toujours lui) l'informa que s'il s'en sentait d'attaque, il pouvait débuter la rénovation d'un appartement dans la maison de la chaussée…

La Mama lui donnait son accord pour qu'il s'installe dans cet appartement, qu'il devrait rénover au préalable.

Il le savait ! Elle réagissait. A sa manière, avec fierté et orgueil, mais elle réagissait. Son fils allait se marier (avec une autre convertie : « une autre arabisée, voilée, mais soit ! ») mais il aurait besoin d'un logement. Elle lui proposa celui-là. A sa manière, par l'intermédiaire du cadet.

Pour Luigi, ce fut une joie immense. Le retour de sa bienfaisance à coup sûr. La réponse à ses prières nocturnes.

La glace dégelait. Lentement mais sûrement, le dégel s'annonçait dans leur relation.

Mais, pour glaciale que fut cette relation, c'était bien d'un glacier dont il était question. Un glacier immense. Et il lui faudrait encore des trésors de patience pour en voir la fin.

Qu'importe, le dégel s'annonçait, la fonte avait débuté et serait désormais irréversible.

❁❁❁

« Et alors ? Ensuite ? Elle s'est terminée comment, son histoire ? »

« Ah ça ! Elle n'est pas encore terminée. La glace fondait et elle fond encore. J'ai bien parlé d'un vrai glacier. Ce n'est pas rien...

Et comme dans la nature, lorsqu'un glacier fond et disparaît, il laisse une trace béante dans la vallée qui l'accueillait. C'est qu'un glacier, ça gratte, ça arrache, ça lacère, ça déchire, ça érode tout ce qu'il recouvre...

Ainsi, même si la glace fond entre Luigi et sa maman, la relation ne sera jamais plus ce qu'elle a été par le passé. C'est une toute nouvelle relation qui s'installera, c'est évident. Mais disons que leur relation sera au moins revenue vers des termes plus habituels pour une mère et son fils. »

❁❁❁

L'histoire de Luigi est particulière, elle n'est pas la mienne par exemple. Mais c'est une histoire dont le genre s'est répété plusieurs fois parmi mes connaissances.

Il a fallu à tous ceux à qui cela a pu arriver déployer des miracles de patience et de bienfaisance pour apaiser ces situations.

Mais pour la plupart, le tunnel avait une fin. La glace a toujours fini par fondre et les relations par se réchauffer. C'est juste une question de temps, une nécessité de rassurer les parents.

Non, nous ne jetterons pas nos valeurs au loin. Non, nous ne renierons pas nos familles. Non, nous ne réfuterons pas l'éducation que nos parents nous ont donnée.

Chers parents, vous dont les enfants se sont convertis, soyez rassurés : vous étiez, vous êtes et vous resterez les personnes qui possèdent les plus grands mérites aux yeux de vos enfants selon leur nouvelle religion.

Au pire, rappelez-le leur, tout simplement.

❁❁❁

Bref, ma maman restera toujours ma maman…

Nous avons vu que l'entourage peut parfois réagir de manière négative ou excessive à la conversion d'un de ses membres.

Il faut pouvoir composer avec cela et de manière à ne jamais couper les ponts familiaux. Il est dit par ailleurs que le lien familial est relié directement au Trône d'Allah, c'est dire son importance.

Si c'est évidemment une part de l'épreuve de notre vie que de parvenir à le préserver coûte que coûte, rappelons-nous que derrière toute épreuve il y a un sens à comprendre…

Autre chapitre, autre sujet… Laissons Luigi affairé à réchauffer son climat familial et penchons-nous sur un nouveau thème : celui de l'amour. Vous verrez qu'il réserve également son lot de surprises …

❁❁❁

Claire et l'amour

"Le cœur possède ses raisons... que la raison ignore..."[1]

Claire : « Pour qui il se prend, ce p'tit con ? Franchement... »

Le papa : « Je te l'avais dit ou pas ? C'est toujours la même chose avec les turcs... »

Claire : « Papa... s'il te plaît, n'en rajoute pas une couche. Ahmed, c'était le SEUL turc que tu aies jamais rencontré... Commence pas à faire des généralités... »

Le papa : « Ouais, mais moi je t'avais prévenue, et ça c'est sûr. »[2]

Claire : « ... »

❁❁❁

J'imagine ce dialogue entre Claire et son papa. Deux personnages qui vont nous permettre de débuter un nouveau thème : celui du mariage et de la vie de famille.

Le mariage, en islam, est ce contrat pris devant Dieu qui va lier deux personnes en droit et en responsabilités. Il est le socle et la fondation pour l'amour qui unit les cœurs.

Le mariage est, en soi, une aventure et pour nombre de convertis et de converties, cette aventure se double d'une difficulté inattendue : faire reconnaître leur « islamité » aux yeux de la famille du conjoint, de la conjointe.

Aux idéaux les plus divers, les tourtereaux peuvent faire face à de nombreux obstacles, plus ou moins difficiles à contourner.

---

1 Pascal, 17ème siècle.

2 Il y a en Belgique des musulmans de nombreuses origines. Les communautés les plus importantes en termes statistiques sont les communautés marocaine et turque. C'est sur cette dernière que cette histoire va se jouer, mais c'eût pu être sur la première...

Pour Claire, j'ai choisi volontairement de mettre en avant un des aspects les plus déroutants pour un converti.

Marre ! Y en avait marre !!! Claire le connaissait depuis plus de trois ans. Ils s'étaient même mariés, religieusement. Bon, c'était un truc fait entre eux, avec un ami étudiant imam, un peu à l'arrache. Mais tout y était. C'était un vrai mariage religieux... Et ses parents à lui l'avaient accueillies, après tout. Pas super chaleureusement, faut dire la vérité, mais tout de même.

Et surtout ! *Surtout !!!* Ahmed vivait avec elle toute la semaine. Il ne la quittait que le week-end, pour rentrer en famille. Ils vivaient une vraie vie de couple depuis si longtemps...

Tout ça, ces projets, ces rêves, ces enfants qui leur passaient dans la tête si souvent. Ces maisons. Ces vacances. Tout ça, ça n'existait plus ???

Il allait voir !! Il allait voir !!!

Flashback...

❀❀❀

Avant l'été, Ahmed l'avait prévenue : une cousine se mariait au bled et il lui fallait être présent. Il ne pourrait pas y couper.

Elle ne pourrait pas y aller, c'était entendu entre eux, elle restait pendant les vacances scolaires pour travailler, mettre de l'argent de côté et en profiter pour se refaire en vue d'une nouvelle année qui s'annonçait. Comme chaque année, quoi...

Deux semaines d'été à vivre seule, à la rigueur, c'était même un bon plan. Un peu d'air, pour voir les amies, faire des trucs entre filles. Oublier un peu la routine.

Mais lorsqu'il était rentré, et qu'il ne l'avait pas appelée, elle avait senti l'oignon. Pourquoi Monsieur le kardash[1] ne l'avait-il pas appelée ? Téléphone coupé... Que se passait-il ?

---

1 Surnom fraternel en turc.

Premier soir. Rien.

Le lendemain, toujours rien. Quelque chose ne tournait pas rond. Une mauvaise nouvelle ? Un décès ?

Dans le fond de son âme, un truc s'était mis à clignoter en rouge. Danger. Une alarme silencieuse s'était déclenchée et elle sentait confusément que quelque chose d'inhabituel se tramait. Mais quoi ?

Le surlendemain, son téléphone était actif, mais il ne répondait toujours pas. Ça commençait tout doucement à la gonfler. Elle a décidé d'attendre le soir, et puis, elle s'est rendue dans une télécabine, pour l'appeler depuis un numéro inconnu. Et là… Bam ! Il décroche…

Lui : « Salam aleykoum. »

Elle : « Wa aleykoum salam. »

Lui : « … »

Elle : « Eh bien Ahmed ? Comment tu vas ? Tu me nies ou quoi ? »

Lui : « … euh. Non. Mais tu sais… je viens de rentrer, le vol a été retardé, ça a traîné, je suis assez fatigué et… »

Elle : « Ouais, ouais, quand est-ce qu'on se voit ? »

Lui : « … euh… mardi. Mardi prochain, ça te va ? »

Elle : « Tu te fous de moi ou quoi ?? Je te sens pas là. Tu me caches quoi là ??? »

Lui : « Mais rien. Rien. Qu'est-ce que t'as ? Tu veux pas que… »

Elle : « Non, je veux pas ! Ce que je voudrais c'est te voir en direct live que tu m'expliques tout ça en face à face. »

Lui : « Tout ça ? Tout ça quoi ? T'es pas un peu parano là ? »

Elle : « Je sais pas. J'espère que non. »

Clac ! Elle avait raccroché. Il n'avait pas rappelé.

Elle le sentait : un truc se passait. Un truc qui la mettait mal. Un coup de cochon, elle le sentait. Mais quoi ? Elle le sentait.

❋❋❋

Dimanche, soit deux jours plus tôt que prévu, Ahmed est venu à l'appart. En coup de vent, comme un voleur. Pas fier. Elle enrageait depuis trois jours et son caractère volcanique faisait le reste : elle était au bord de l'éruption.

Il savait bien qu'elle avait flairé un sale coup. Il avait voulu porter le coup vite fait, pour la ménager pour la suite.

Elle : « Marié ? Comment ça, t'es marié ??? Tu te fous de moi !?! »

Ses yeux étaient injectés de rouge, au bord des larmes, que la colère furieuse retenait, par amour propre. Elle serrait les dents. Elle était hérissée, piquante, prête à griffer. Comme un chat blessé, prêt à tout.

Lui : « Qu'est-ce que tu veux que je te dise. Je suis arrivé dans le truc sans le savoir et... »

Elle : « Sans le savoir ??? Non mais tu rigoles ??? Te fous pas de moi, s'il te plaît, parce que je te jure... »

Lui : « C'est moi qui te jure. Je le savais pas. Le coup s'était monté sans m'en parler. Je suis arrivé, on m'a dit : voilà ta femme, tu es marié maintenant, c'est comme ça. Piégé quoi... »

Elle : « Piégé ? Piégé ???? Tu veux que je te piège ta vie, moi ? Tu veux que je t'arrache les yeux ? Je vais aller lui causer, moi, à ton père, tu vas voir, tout turc qu'il est, je vais lui en montrer de la gueulante !!! »

Lui : « Ecoute, franchement, je te le conseille pas. L'histoire est jouée. Ils veulent plus te voir. »

Elle : « Ils veulent plus me voir ? Ils n'ont jamais voulu me voir, tu veux dire... »

Lui : « Dis pas ça... »

Alors, voilà c'est fini ? Je t'aime bien, mais faut sortir de nos vies. On ne peut pas faire autrement. C'était la plus grosse saloperie qu'elle aurait pu imaginer...

❀❀❀

Marié à son arrivée, Ahmed s'était vu imposer une épouse par sa famille. Bien sûr, il la connaissait. De loin, mais il la connaissait. Mignonne ? Bien sûr. Les filles turques sont toutes mignonnes, sans devoir faire d'efforts. La nature fait des choses, soubhanallah[1] !

Mais bon ! La beauté, c'est une chose, mais ça passe. Rajoute-lui vingt ans pour voir, à ta femme, Ahmed. Trente ans. Quarante. Ça fera comme tout le monde, et puis c'est tout.

Entre Claire et lui, y avait autre chose que le physique. M'enfin ! Ils se sont connus intimement, personnellement, ont appris à se connaître dans leur personnalité à chacun, qualités et défauts inclus. Trois ans plus tard, ça tenait encore. Et même mieux que ça.

C'est vrai que les unions mixtes, ce n'est jamais facile. Des exemples elle en avait en tête. Mais des coups qui ont réussi, aussi, y'en a. Une bonne amie à elle, Ayse, s'était mariée également avec son compagnon de longue durée, aussi d'origine turque. Elle était complètement insérée dans la famille, les vacances au bled, les tontons, etc.

Et son mari était également assez bien inséré dans sa famille à elle. Bref, un mariage presque parfait. Presque idyllique.

Pour Claire, ça avait été différent. Sa mère, en fuite de responsabilités en Espagne ou ailleurs (elle ne savait même plus), se moquait de son couple comme de sa première chemise.

Son père, avec qui elle entretenait une relation « je t'aime-moi non plus » assez compliquée, avait vu l'arrivée d'Ahmed d'un œil assez méfiant. Pour rester poli.

Soit disant qu'il avait peur qu'il influence sa fille. Qu'il la force à porter le voile. Ou à tolérer d'autres épouses. À refuser l'alcool, le porc. Les trucs habituels. Les clichés à la vie dure…[2]

1 Soubhanallah est une invocation que le musulman prononce lorsqu'une chose l'étonne. Nous verrons sa signification lors d'un prochain chapitre.

2 Ce que certains lient à la radicalisation, et qui n'est en définitive que la logique que peut suivre une conversion…

De toute façon, elle s'était convertie à l'islam avant de rencontrer Ahmed. Il ne serait en rien dans les choix qu'elle ferait. Mais allez expliquer ça au papa moitié absent, moitié papa poule qui s'inquiète pour sa princesse...

Claire était émancipée depuis ses 17 ans et elle menait sa barque comme elle le voulait depuis lors. Entre les études en dents de scie, les petits jobs d'étudiants pour vivre, payer ses loyers et les allocations sociales, elle vivait sa vie à l'instinct.

Et c'est à l'instinct qu'elle s'était convertie. Pas pour ennuyer son père. Pas pour faire plaisir à telle ou telle personne. Pour elle. Parce qu'elle croyait en cette religion. Et elle entendait bien faire respecter ce choix.

Lorsqu'elle avait rencontré Ahmed, son père était revenu à la charge, mais depuis le temps qu'il avait quitté le rôle du papa conseil, il fallait qu'il comprenne : Elle ferait ce qu'elle voulait. Et elle s'était mariée religieusement à Ahmed. Rien d'officiel, rien devant les autorités, rien à la commune ou ailleurs. Juste l'union devant Dieu de deux personnes sous la bénédiction des deux familles.

La sienne, ça s'était plus ou moins réglé. Mais la famille d'Ahmed, ça avait été une toute autre chose.

Un ami, converti aussi, qui étudiait les sciences religieuses dans une université égyptienne, était leur « imam » pour la cérémonie, et leur guide pour s'en sortir correctement. Il avait insisté : l'accord des familles était très important. Il fallait intégrer la famille d'Ahmed à la démarche.

Ses sœurs, sa maman, ça avait été plus ou moins réglé. Mais ses frères et son père, c'était une autre chanson. Cela n'avait pas été facile, mais si eux avaient un honneur et un tempérament forts, elle avait pour elle un caractère teigneux et déterminé.

Un peu d'audace, la complicité féminine, quelques tuyaux religieux pour faire résonner la fraternité islamique avaient fait passer la pilule. Ce n'était pas parfait, mais c'était « officiel ».

Du moins, c'est ce qu'elle croyait. C'était sans compter sur la bêtise et l'obstination.

C'était une honte tout simplement.

Ahmed évoque la situation avec un ami, non musulman...

Ahmed : « Une copine ? Une copine, c'est facile à trouver. Mais une épouse... c'est autre chose... »

L'ami : « Pourquoi ? »

« Ben une copine, ça passe. Plus ou moins. Les parents font pas trop attention. C'est « pour s'amuser ». Mais une épouse, pour se marier et faire une famille, c'est autre chose... »

« Mais pourquoi ? »

« Ben, faut unir deux familles. Tout simplement. C'est pas facile. »

« Ouais ? Et bien tu veux que je te dise : c'est du grand n'importe quoi !!! »

« Non... C'est vraiment pas facile... »

❁❁❁

Minuit au smartphone...

SLM keſtufé ?

Envoyé à 23 :52

Je pleur

Envoyé à 23 :59

Arrete tu m manques

Envoyé à 00 :00

Va voir ta fam ! et lach moi ſteplé

Envoyé à 00 :43

❁❁❁

Le retour

Ahmed était revenu quelques jours plus tard. Seul. Et encore heureux. C'était difficile pour Claire de ne pas finalement le croire. Après tout, elle le connaissait bien, il n'aurait pas agi comme ça si ce mariage avait été réellement prémédité.

Au calme, ils en avaient discuté. Que faire ? Il lui assurait qu'il l'aimait toujours. Elle ne disait rien, mais évidemment elle l'aimait toujours aussi. Ce n'était pas le problème...

Le vrai problème était quel avenir pour leur relation ? Lui se voyait imposer une épouse qu'il ne connaissait que très peu et qui ne connaissait pas le pays, ses habitudes, ses goûts. Il acceptait le fait comme une chose établie mais il n'avait rien à partager avec cette nouvelle épouse.

Celle qu'il avait choisie c'était Claire. La belle affaire !

Elle : « Tu crois tout de même pas qu'on va continuer à se voir alors que tu es marié à une autre ? »

Lui : « Et pourquoi pas ? Je fais poireauter la situation, je laisse les choses se faire naturellement. Je n'ai rien à faire avec elle, rien à partager. Après quelques temps, j'annonce à mes parents que je divorce et que... »

Elle : « Que tu me reprends, c'est ça ? Tu crois vraiment qu'ils vont accepter ça ? »

Lui : « Peut-être... peut-être... »

Elle : « Et en attendant, je deviens quoi, moi ? Ton deuxième bureau ? Comme dans les sales films ? Ah quelle situation... »

Lui : « J'ai rien d'autre à te proposer... »

❁❁❁

Ça, pour une situation, c'en était une tout à fait particulière. Du jamais vu ! Jamais pensé ! Mais que faire ?

Pendant quelques temps, c'est ainsi que ça s'est passé. Ahmed vivait une histoire à double tranchant. Pas très confortable. Pas du tout même.

Mais avec le temps, tout a dégénéré... Fatime, sa « nouvelle » épouse a commencé à se douter de quelque chose. Elle en a parlé à sa belle-famille chez qui elle habitait. Ça a jeté un léger malaise qui a fait gigoter un peu les membres...

Ahmed étudiait toujours la semaine dans une autre ville et il ne rentrait que le week-end. Officiellement, il logeait dans un studio. Officieusement, son père l'avait sommé formellement de mettre un terme à son histoire avec Claire. Et il sentait bien que le jeune homme traînait à clarifier les choses.

Les discussions se sont multipliées entre Ahmed et son père.

Parallèlement, Fatime prenait une place qu'Ahmed n'avait pas prévue : elle devenait réellement sa femme. Et Claire le sentait aussi.

Aussi, après quelques mois de cette insanité souffreteuse, Claire a pris les devants et mis un terme à sa relation avec Ahmed. Le copain imam fut convié, non plus pour s'occuper de mariage, mais pour le divorce. Ce qui fut noué devant Dieu fut dénoué de la même manière...

C'était triste, ce n'était pas gai, mais c'était mieux pour tout le monde. Il y avait trop de gens qui souffraient et qui en souffriraient encore à l'avenir.

Autant que tout cela stoppe. Elle saurait se retrouver.

Comme elle l'avait toujours fait.

Et puis voilà.

Claire a repris sa route, seule aux commandes...

✿✿✿

C'est clair que cette situation est une des pires dont j'ai eu connaissance, mais elle n'est ni un cas isolé ni une chose rare.

La mondialisation a mis en contact des populations totalement étrangères les unes aux autres et il semble évident que ce n'est facile pour personne d'apprendre cette pluralité imposée.

Ça se passe mieux chez les jeunes, ceux-là qui passent du temps ensemble en classe, à l'école. Ils la vivent de fait, cette pluralité. Mais pour les familles, pour les parents, c'est tout autre chose.

Il faudra encore du temps pour que cela s'harmonise. C'est en fait un réel défi humain en général et religieux en particulier.

La Fraternité, la vraie, elle a un coût.

❁❁❁

Bref, l'amour, c'est pas comme dans les films...

Nous avons pu ici découvrir que les questions d'amour sont parfois plus compliquées que dans les films ou les romans.

A l'heure de nouer mariage, le converti ou la convertie peut se retrouver face à divers obstacles tels que :

La reconnaissance de son islamité. Est-il, est-elle « réellement » musulman(e) ? Cette question est très choquante pour quelqu'un de sincère... Il faut pouvoir gérer ce « choc ».

Le poids des traditions ou de la famille. Nous sommes toutes et tous imprégnés par nos cultures respectives et il arrive que certains aspects de celles-ci soient à contre-courant de ce que nous vivons.

Seules la patience et la sagesse doivent nous inspirer afin que chacun puisse trouver la voie qui lui conviendra, cette voie que notre Seigneur nous a précisément destinée mais qu'il se peut que nous ne percevions pas de prime abord.

Pour Claire, en revenant vers elle, gageons que tout finira par s'arranger. La vie a l'habitude de ce genre de coups tordus, pas besoin d'être musulman, turc, converti ou autre pour faire face à ça.

Elle fera sa vie et fondera sa famille. Musulmane, voilée et maman d'un petit Amine.

Amine, alias « Le petit Anelka »... dont nous allons vivre une aventure dans la partie qui suit.

Le Petit Anelka [1]

Je suis tout petit, je suis tout bronzé mais au foot, je cartonne. Alors les copains m'ont appelé Anelka.

Même que je m'appelle pas Nicolas, ça fait rien.

En partant à l'école, ce matin, ma maman elle m'a demandé d'être sage et de bien écouter la maîtresse. Elle avait un peu des larmes dans les yeux, en me disant ça et je savais bien pourquoi, même si je dois plus en parler...

J'ai pris mon sac et je suis parti sur le trottoir d'en face, parce que sur celui-ci il y a un chien qui aboie sur tout ce qui passe alors je m'écarte. Je lui fais parfois des grimaces de l'autre côté du trottoir pour lui apprendre à faire peur aux gens, mais aujourd'hui je ne traîne pas : on part en excursion.

Je croise Malik qui traîne un peu en route. Malik c'est un de mes copains à l'école. Je l'aime bien mais des fois au foot il essaie de prendre la vedette et c'est moi la vedette alors on se regarde toujours un peu de travers.

Avec Malik et sa sœur, il y a leur grand-mère. Elle, elle a droit d'y aller, à l'excursion, je ne sais pas pourquoi. Ma maman, elle, elle ne peut pas. Même que c'est pour ça qu'elle pleurait ce matin, mais je dois plus en parler. [2]

C'est pas grave je suis un grand aussi maintenant.

Je le salue : « Salut Malik. Ça va ? »

« Salam aleykoum, qu'il me répond. Ouais ça roule. T'as pris ta balle ? »

---

1 Évidemment, mon petit Anelka est un hommage au Petit Nicolas de René Goscinny. C'est un peu avec lui que j'ai appris à lire, étant enfant...

2 Si notre petit Anelka ne peut pas en parler, nous, nous le pouvons. Et ce, sans trahir personne puisque, faut-il le rappeler, il ne s'agit que de personnages imaginaires... Claire, sa maman, est voilée et certaines écoles ont récemment décidé d'interdire aux mamans voilées de prendre part aux sorties scolaires et autres activités... au nom de l'égalité citoyenne et de la laïcité. Vivre ensemble, paraît-il, oui mais séparément...

« Wa aleykoum salam. Non. La directrice, elle a dit que si je la ramenais pour l'excursion elle la confisquerait pour de bon. »

« Pff dégonflé va ! », qu'il me lâche du coup.

Je lui dis : « C'est moi que tu traites de dégonflé ? Espèce de zozo ! »

« Ouais, dégonflé ! – qu'il insiste - Ça te dérange ? »

Alors, hop, je lui ai mis une beigne au Malik, direct sur l'arrière de la tête. Ah ah ! Ça, ça l'énerve toujours.

Il m'a regardé avec son regard de plouc mais il m'a écrasé le pied droit.

« Ouille ! Ouille !! » Je saute sur un pied. « Attends voir. » Et je l'attrape par les épaules pour le secouer gauche-droite. Son cartable tombe sur la rue. Sa grand-mère arrive en hurlant « Ooooooooh » et elle me sépare du p'tit Malik. Ahahah ! Une bonne journée qui commence !

Malik se frotte la tête mais il sourit.

Je dis : « T'as de la chance que la mamy était là sinon je t'aurais sonné les cloches. »

Malik, lui, il rigolait en se tenant le ventre.

On rigole toujours bien avec Malik.

❀❀❀

Arrivés dans la cour de l'école, on n'est pas en avance. Les classes sont déjà rangées, des groupes se mettent en place pour l'excursion. La directrice crie déjà sur trois copains, elle est toute décoiffée.

Elle nous a vus : « Allez ! Malik ! Amine ! Dans le groupe de madame Agnès. Vite, on va partir. »

« Madame, il se passe quoi aujourd'hui ? » demande Malik. (Toujours là pour énerver le monde… il sait très bien où on va…)

« Comment ça ? Où on va ? » sursaute la directrice. « Mais c'est la marche parrainée, Malik. Tu as pris ta feuille de route au moins ? Ou bien tu l'as oubliée, comme l'année dernière ? »

Malik : « Feuille de route ? Oups… Marche parrainée ? Oooh non, en plus on dirait qu'il va pleuvoir, on va encore être trempés, et si je suis trempé, je vais tomber malade, et si je suis malade… »

La directrice : « Hop hop hop mon petit ami. Tu ne tomberas pas malade, il fait plein soleil. Ne t'inquiète donc pas pour ça et va plutôt rejoindre ton groupe, je vois que l'animateur est déjà en train de distribuer les badges. Allez, allez, filez tous les deux. »

❀❀❀

Eh oui aujourd'hui on va marcher. Une drôle d'histoire. Il paraît qu'on va marcher pour soigner des lépreux en Palombie[1] ou au Garagay[2], un truc comme ça. L'animateur est venu nous expliquer ça en classe il y a quelques temps. Il y a là-bas, des gens malades d'une maladie très grave qui leur dévore le visage, les doigts, les pieds et que cette maladie, avant, elle existait aussi chez nous puis elle a disparu[3]. Que pour soigner les gens il ne faut pourtant pas beaucoup d'argent. Alors nous on va marcher pour récolter de l'argent et soigner ces gens-là.

Un truc comme ça.

Mon père il dit toujours qu'au lieu de faire marcher les enfants, on devrait raboter (comme il dit) les salaires des ministres ou des joueurs de foot pour sauver tous les lépreux de toute la terre en une fois.[4]

C'est pas bête, ça sera toujours ça en moins à marcher chaque année. Mais en attendant, faut marcher, c'est comme ça.

« Bon, allez, allez, tout le monde est prêt ? – dit l'animateur – On va faire les groupes. »

---

1 La Palombie est le pays natal du Marsupilami. Hommage à Franquin

2 Quant au Garagay, il est seulement né de l'imagination incertaine d'un enfant.

3 En vérité, la lèpre existe toujours bel et bien en Europe mais extrêmement rare et sous contrôle total. Pays industrialisés oblige…

4 Un exemple pour le foot : les seuls droits de retransmission TV du championnat anglais pour une année suffiraient à éradiquer plusieurs fois la lèpre. Question de priorité probablement…

Ah oui, j'ai oublié de vous dire, on marche pas tous dans le même sens, ça rapporterait pas assez d'argent, on se sépare en groupes et on va tourner dans les environs chacun dans son coin.

« Toi, petit – qu'il me dit – tu peux venir à ma droite, tu seras le capitaine de l'équipe A. »

« Moi ? Je suis pas petit. Déjà. Mais je suis toujours le capitaine de l'équipe, ça vous avez raison. 'Pouvez m'appeler Anelka si vous voulez. »

« Aaa... Anelka ? Bon, si tu veux. Quant à toi petite, tu seras la capitaine de l'autre équipe, viens à ma gauche. »

« On va pas jouer au foot, hein, m'sieur ? » – ça c'est Christelle, mais nous on l'appelle Bol-de-riz, parce qu'elle a des yeux de chinoise. C'est une bonne copine, on l'aime bien, mais elle, elle aime pas qu'on l'appelle comme ça.

« Non, non – reprend l'animateur – on ne jouera pas au foot, ne t'inquiète pas. On fait juste une marche parrainée et on va... »

« Oui, oui, ça va hein ! On est au courant. - dit Malik en se croisant les bras – En tous cas, moi je veux pas être dans l'équipe de Bol-de-riz. »

« C'est qui Bol-de-riz ? » demande l'animateur.

« C'est vrai ça – qu'elle dit Bol-de-riz – c'est qui que tu appelles Bol-de-riz, espèce de gogol ? »

« Eh ben c'est toi, avec tes yeux de chinoise. » Malik sourit à pleines dents. Mais Bol-de-riz devient toute rouge et elle est hérissée comme un hérisson. Ça va barder. Elle s'avance vers Malik et lui flanque une bonne paire de claques. L'animateur n'a pas l'air habitué à ça. Il voudrait reprendre son histoire de groupes.

« Du calme, du calme, tu peux venir ici, Bol-de... euh tu peux venir ici, s'il te plait, Christelle ? Tu seras donc la capitaine de l'équipe B. Qui pourrais-tu choisir comme compagnon ? »

« Je veux Luigi avec moi » répond Bol-de-riz.

« Pas question – dis-je – le Rital c'est avec moi qu'il joue et puis c'est tout !! »

Luigi il aime ça quand on l'appelle le Rital.

« De toute façon on jouera pas au foot, zozo. Et en plus c'est mon tour à choisir. Et j'ai choisi Luigi. Na ! »

Luigi s'avance mais c'est vers moi qu'il vient. « M'en fous, moi je vais avec Anelka et puis c'est tout. »

« T'as pas le droit » qu'elle crie Christelle, enfin Bol-de-riz, en commençant à pleurer.

« Voyons, voyons… » dit l'animateur.

Baptiste, le petit chouchou à lunettes qui fait ses sales coups en douce, s'avance tout seul vers bol-de-riz.

« Ah non – crie Bol-de-riz – Je veux pas Baptiste avec moi, sale cafard. »

« Du calme, du calme… » L'animateur transpire déjà à grosses gouttes.

« Et moi – dit Baptiste - je n'irai pas dans l'équipe de l'autre arabe, alors du coup d'office je viens chez toi. Et puis c'est tout. »

« L'arabe ? Qui tu traites d'arabe, espèce de binoclard ? » que je dis. Non mais !

« Eh ben c'est toi, sale arabe. » Baptiste, je sais bien pourquoi je l'aime pas. Il a beau être le plus malin, c'est pas le plus sympa. Avec lui on rigole pas. Enfin, pas tout le temps, quoi…

« Déjà, de un, je ne suis pas sale. Et de deux, je ne suis pas arabe. Je suis ptêt tout bronzé, mais je ne suis pas arabe. Ma mère elle s'appelle Claire. C'est pas comme la tienne. Ahahah ! »

« Moi, ma mère, en tout cas, elle porte pas de foulard sur la tête, comme une sale arabe. »

Alors le sale arabe lui a mis un sale coup de pied aux fesses. Au p'tit chouchou. Fallait pas parler de ma mère.

« Bon, euh – bafouille l'animateur, complètement sonné, en me prenant par l'épaule pour m'écarter – est-ce qu'on pourrait reprendre les groupes ? Qui vient avec Amine ? Enfin, je veux dire avec Anelka ? »

Les groupes, il pense qu'à ça, l'animateur. Mais Baptiste, lui, il n'a pas apprécié mon petit coup de pied. Il est tout rouge. Bol-de-riz le pousse dans le dos, pour qu'il dégage de son groupe, et le voilà qui me fonce dessus, mine de rien, genre « C'est pas ma faute ». Mais moi, pas fou, j'ai senti venir le coup fourré, je me glisse de côté pour le laisser continuer sa course, non sans lui faire un tout léger croche pied qui le fait tomber sur Karima, la grosse. Tiens, Baptiste, en voilà une autre d'arabe hihihi !

« Hééééééé » hurle Karima, tu m'écrases les pieds. » Pan ! Une gifle sur Baptiste. Ahahah ! On rigole comme des baleines. Baptiste jette un coup de pied dans le tibia de Karima, mais Malik, son frère décide d'intervenir. Il bouscule au passage Gregory, qui n'avait rien demandé. A partir de là, c'est foutu...

Gregory, Karima, Baptiste, Luigi, Malik... et qui encore ? Je ne sais plus... c'était un festival de baffes. L'animateur essayait de dépatouiller ses groupes en criant « Hé là ! Hé là ! » . Il s'est pris un coup de pied dans le tibia, en douce. Sûrement Baptiste. Il sautait sur un pied, l'animateur.

La directrice arrive en criant. Halte là. Avec elle, on ne rigole pas. Elle sépare tout le monde. On crie, on rit, Baptiste pleure de nervosité. Madame Agnès vient vite chercher son chouchou et l'emmène par la main. Va sûrement faire une petite sieste, le chouchou.

Madame la directrice fait des gros yeux, et elle essaie de ne pas trop crier. « Ça suffit, oui ? Est-ce que c'est un comportement, ça ? »

« Mais madame, c'est Baptiste qui... »

« Ça suffit – elle coupe tout de suite – je ne veux pas savoir qui ou quoi ou qu'est-ce. Les filles d'un côté, les garçons de l'autre, Malik à droite, avec Amine. Et plus vite. Luigi. A gauche... »

La directrice, elle, elle sait faire des groupes, et en moins de deux. C'est pas comme l'animateur.

L'animateur ? Tiens ?! Où il est celui-là ?

On dirait bien qu'il est parti avec un autre groupe.

Sont pas patients, ces adultes, franchement ...

Pas patients...

❀❀❀

Sale arabe et autres joyeusetés...

Le petit Anelka, qui se fait traiter de sale arabe, c'est aussi un grand classique, ça.

Un ami marocain, Abou Mouadh, a vu un jour ses enfants se faire traiter de « sales arabes » devant ses yeux dans la cour de récréation en fin de journée d'école.

À la réunion de parents, il est allé expliquer à la maîtresse, les dents serrées et avec les « r » qui roulent :

« Vous savez, nous autres arabes, comme vous dites, nous nous lavons plusieurs fois par jour, voyez-vous. Alors, peut-être qu'en effet nous sommes des arabes, mais nous ne sommes certainement pas sales... »

La maîtresse, qui n'avait insulté personne, ne savait quoi lui répondre mais grosso modo elle voulait bien admettre qu'ils n'étaient pas sales...

Je ne sais pourquoi, les arabes ont une sale réputation sous nos latitudes. [1]

Bien des convertis subissent cette accusation de devenir des arabes, de s'arabiser. Ce qui en soi peut se comprendre, l'Islam étant une religion révélée aux arabes, dans l'imaginaire collectif, être musulman, c'est être arabe.

Soyons d'accord : nous ne disons pas qu'être arabe soit une tare. Loin de là.

Mais voir sa démarche de foi être réduite en un formule raciste basique et de surcroît erronée sur le fond est parfois exaspérant.

Non, une bonne fois pour toutes, être musulman ne signifie pas s'arabiser.

Et non, une bonne pour toutes, les musulmans de la planète ne sont pas tous des arabes.

Pour être exact, la majorité des musulmans sont des non-arabes.

---

1 Nous verrons dans un prochain chapitre que cette réputation est particulièrement injuste...

Prenons les habitants de la Péninsule Arabique, du Cham (Syrie, Jordanie, Palestine…) et ajoutons leur les peuples d'Afrique du Nord (à tout le moins arabophones), voilà ceux qu'on pourrait appeler « Arabes ».

Mais si nous descendions tout d'abord vers l'Afrique centrale, les musulmans qui s'y trouvent n'ont plus rien d'arabe. Idem pour les musulmans d'Afrique de l'Ouest ou de l'Est.

Prenons les perses d'Iran, d'Afghanistan. Prenons les musulmans asiatiques, du Pakistan, d'Inde, du Bengladesh, d'Indonésie. Les Ouighours de Chine. Les musulmans Mongols. Les musulmans d'Asie Centrale, du Caucase ou d'ailleurs parmi les anciennes républiques russes. Prenons les Turcs (qui, comme me le faisait remarquer Alpaslan dans le premier chapitre, ne sont pas des arabes), les musulmans Bulgares, Chypriotes ou Grecs. Prenons le cas des musulmans des Balkans (Albanie, Bosnie, Croatie, Serbie, Kosovo, etc.)

Sans même parler de tous les convertis d'occident ou d'ailleurs…

Tous ces musulmans ne sont pas arabes. Et ne sont pas arabophones.

Devenir musulman, c'est entrer dans une communauté de foi qui regroupe bien des identités différentes.

Une communauté de foi qui regroupe bien des identités différentes.

Comprenez bien que l'identité du musulman occidental n'est pas facile à concrétiser…

❁❁❁

Sale collabo

Personnellement, lorsque j'ai annoncé ma conversion à mes amis et proches, les réactions ont été très différentes. Personne ne m'a, à l'époque, traité d'arabe, mais un très bon camarade m'a taxé d'un bien autre terme : « sale collabo... » Il avait visiblement du mal à comprendre ma démarche.

Je m'en souviens comme d'hier : imaginez-vous au bord d'un lotissement piétonnier de maisons en vis-à-vis. Nous nous trouvions tout au bord, là où passe la route. Je me tiens sur le trottoir, à l'entrée du lotissement. Tous deux, nous sommes de jeunes adultes. J'ai 23 ans à cette époque, il est quant à lui sensiblement du même âge.

Lui, est assis sur sa camino[1] chromée (il adorait sa mobylette, elle le transportait partout, fidèlement année après année). Il a levé la tête et m'a demandé franco :

« Alors, c'est vrai ce qu'on dit ? Il parait que tu t'es fait musulman là-bas en Allemagne ? »

Moi : « Eh oui, vieux, c'est comme ça. Écoute que je t'explique ça, tu n'en reviendras pas... »

Lui : « Non, ça c'est sûr... Musulman ? T'avais que ça à faire ? Comme s'il n'y avait pas encore assez d'arabes comme ça... »

Moi : « Qu'est-ce que ça a à voir ? Les arabes ? Moi j'en ai rien à cirer des arabes. Je suis devenu musulman, c'est pas la même chose et... »

Lui : « Ouais, ouais, ça va ! Tu sais quoi... ? Franchement tu me dégoûtes (et il disait cela avec un réel dégoût sur le visage). Tu fricotes avec ces bouffeurs de couscous... Tous ces bronzés, hors d'ici, virons les de chez nous ça ira mieux. Votons FN ça passera comme une lettre à la poste... »

Moi : « Dis donc, je te signale, au cas où tu l'aurais oublié, que toi aussi t'es un immigré, si on regarde bien. Alors le délire des « étrangers dehors », t'es un peu mal mis pour ça, je te ferais dire. »

1 Mobylette dont le modèle fit la joie des banlieusards français des 80's. Passée de mode chez nous, mon ami ne pouvait pourtant pas s'en détacher.

Lui : « Rien à foutre ! Tu sais quoi ? Face à l'envahisseur, il y a que deux options possibles. Moi, tu vois, je me place plutôt du côté des résistants... Et toi, visiblement t'as choisi ton camp. Celui des collabos. Sale connard ! »

Et en disant cela, il démarre son moteur, met les gaz et file au loin.

Sans même m'avoir dit au revoir.

C'était un peu hard sur le moment, de se prendre autant de débilité en pleine face, surtout de la part de quelqu'un que j'estimais.

Mais étonnamment, je ne lui en voulais pas.

Je savais qu'il avait eu quelques problèmes avec des « rebeux » lorsqu'il était plus jeune et qu'il en avait gardé certaines rancœurs. Ça n'excusait rien, mais je comprenais d'où venait son rejet de la chose.

Sans compter, que quelques jours plus tard, il est revenu, il s'est excusé, nous en avons parlé, j'ai tenté de lui expliquer ma démarche.

Nous avons repris une relation normale.

Bon, de temps en temps, il me lançait bien une petite pique, une blague un peu foireuse ou autre. Je ne le changerai pas, il devra affronter ses problèmes tout seul. Comme un grand.

Mais il a finalement plus ou moins accepté ma conversion, comme une chose acquise. Je ne changeais pas, j'avais suivi mon instinct, qui m'avait conduit à la foi et m'avait amené à entrer dans une religion qui se veut universelle.

Réellement universelle. Et définitivement bénéfique tant pour celui qui la pratique que pour son entourage.

En tout cas, c'est ainsi que je l'ai reçue, acceptée et vécue et je ne crois pas avoir fait du tort à qui que ce soit depuis ma conversion.

On s'est perdu de vue depuis quelques temps, mais il reste quelqu'un que j'apprécie et dont la rencontre à l'occasion, me procure un réel plaisir.

À tout le monde, à tous mes amis...

Il en est ainsi pour toutes mes connaissances et tous mes amis de l'époque d'avant ma conversion. La vie, les chemins propres à chacun nous ont séparés. Nous ne fréquentons plus réellement les mêmes cercles de personnes, mais lorsqu'il m'arrive de rencontrer l'un ou l'autre au détour d'un chemin, ou en visite chez nos parents respectifs, lors d'une naissance, que sais-je... j'éprouve toujours le même plaisir à les revoir.

L'amitié, l'affection, l'amour... sont des choses qui ne se commandent pas.

Trop de souvenirs, trop de galères en commun, trop de fous-rires, trop d'histoires et d'aventures... Impossible à oublier.

Nos chemins ont divergé mais j'aime à penser que les cœurs sont restés proches. Au nom de tout ce qui fut notre passé commun, le collabo vous embrasse tous.

Bref, l'école, c'est pas facile...

Dans ce chapitre, nous avons vu, au travers de l'histoire du Petit Anelka, les aventures d'un petit enfant dont la maman convertie et voilée ne peut accompagner les sorties scolaires comme les autres mamans.

Triste situation pour certaines mamans et certains enfants... Une pure discrimination en réalité, qui se pare de l'excuse de l'égalité citoyenne... Va comprendre...

A l'école, évidemment, les enfants déjà savent utiliser des noms d'oiseaux ou des surnoms peu reluisants (« sale arabe », « la grosse », « bol de riz »...) qu'ils ont d'ailleurs probablement entendus dans la bouche de leurs parents et qu'ils reproduisent dans leur monde enfantin. Parfois, nous voyons que certains termes prennent une toute autre tournure dans la bouche des grands (« sale collabo »).

Heureusement, il n'y a pas encore chez les enfants de « musulmans », de « chrétiens », de « juifs » ou « d'athées », il n'y a encore que des « copains »... Pourvu que cela dure le plus longtemps possible. C'est en général plus tard que les choses prennent un tour plus dramatique.

Mais aussi malheureuses que puissent être ces situations, il faut savoir préserver les liens d'amitié, prendre le temps d'expliquer les choses et de se recentrer sur l'essentiel.

L'amitié, la vraie, s'accommodera des différences d'adultes...

Espérons-le...

❀❀❀

Au travail, terroriste !!!

Tournons la page, nouveau chapitre, nouvelle thématique.

Je vais vous ramener vers mon propre parcours, à peu près à la même époque, en une fin d'après-midi. Je me trouvais alors dans ma chambre, chez mes parents. C'était un *onze septembre* exactement. Je m'en souviens très bien.

Mon frère m'a appelé d'en bas : « Laurent ? Viens un peu voir ça ici à la télé... Il y a un truc bizarre... »

Je descends. CNN est à l'écran.

Il m'informe : « J'étais en train de zapper et je suis tombé là-dessus. Ça a l'air grave... »

En effet, une des deux tours jumelles a l'air en feu, il s'en dégage beaucoup de fumée. Je lis les rubans qui défilent, j'écoute les présentateurs.

Je lui dis : « D'après ce que je peux comprendre, on dirait qu'un avion s'est crashé dans la tour... ça a l'air énorme. »

« C'est pas possible, reprend mon frère, c'est pour un film ou quoi ? »

« Je ne sais pas, je... »

Pas le temps de finir ma phrase, les commentateurs deviennent hystériques : « OH MY GOOOOOOOOOD !!! »

Un autre avion entre dans le champ de la caméra, il file à toute vitesse et il heurte la deuxième tour de plein fouet. Une énorme boule de feu jaillit. Des centaines de personnes viennent de mourir sous nos yeux dans une énorme explosion. La télé hurle.

Mon frère et moi restons bouche bée, aucun mot ne peut sortir. C'est trop gros. Sans rien devoir dire, je suppose que tous deux nous comprenons bien qu'il ne s'agit pas d'un accident.

Les présentateurs hurlent. Le monde ne sera plus jamais le même... L'horreur fait son irruption dans le quotidien (et durablement semble-t-il).

Je ne le sais pas encore sur le moment, mais ces événements vont influencer durablement ma vie de musulman. Le cliché du musulman terroriste va s'ancrer et rejaillir sur beaucoup de gens.

À cette époque, je suis fraîchement diplômé et je suis à la recherche d'un emploi. Un jour, deux mois plus tard exactement, je me rends à un entretien d'embauche et je suis engagé dans une société à quelques 40 km de chez moi. Je débute ma vie active. Je deviens logisticien, coordinateur de commande en fait, dans une société internationale. Une société *américaine*, pour préciser.

Nous gérons l'approvisionnement en matériel forestier pour le monde entier. Une super expérience qui me donne l'occasion de bosser dans un milieu international et de pratiquer les langues étrangères. J'adore ça.

Parallèlement, j'évolue également en tant que musulman, je me cultive, je m'instruis. Je m'implique et m'applique. Ma prière, jusque-là hésitante et incomplète, prend sa place et devient une préoccupation centrale dans ma vie de croyant. La prière est un pilier de l'Islam.

Mais bien sûr dans l'ambiance post 11 septembre, je n'en mène pas large. Au boulot, dans les premiers temps, je ne prie pas. Je priais le soir chez moi. Plus ou moins...

Mais le scrupule me travaille : ma prière doit être faite en ses temps. La première solution que j'emprunte est de prier assis dans le train ou à l'arrêt de bus. Pas super pour la concentration, et bien des gens ont dû se demander ce que je faisais...

Mais rapidement prier le soir, assis... ne me convenait plus. Je décide alors de prendre le taureau par les cornes.

Je commence alors à prier au boulot. Tout d'abord dans les caves, en vitesse, entre deux rangées d'archives. Puis dans le petit local infirmerie. Mais devant l'étonnement de certains collègues qui se demandent bien ce que je pouvais fabriquer en ces lieux, je décide de changer ma tactique :

Moi : « Lina ? Tu aurais deux minutes pour moi ? »

Lina, c'est ma chef de service. Je crois qu'elle est relativement satisfaite de mon boulot. Elle a l'âge de ma mère et le courant passe plutôt bien.

Lina : « Oui bien sûr... Entre... »

Elle s'étonne lorsque je ferme la porte de son bureau.

J'y vais : « Tu vois, il y a une chose que tu ne sais certainement pas à mon sujet c'est que je suis musulman et... (son visage se couvre d'un énorme point d'interrogation...) ... et depuis quelques temps, j'ai débuté la prière. Il m'arrive de prier aux archives ou dans l'infirmerie mais, tu vois, ce n'est pas forcément l'idéal. Je n'ai pas envie de générer un malaise ou d'être la cause d'un certain questionnement... J'en ai parlé à Steph et Anne, je viens t'en parler. Comment tu vois ça ? »

Je suis à ce moment dans le vide intersidéral. Chute libre. Steph et Anne, ce sont mes deux collègues les plus proches. Elles m'ont carrément déconseillé d'en faire une affaire publique. Je risquerais le renvoi, paraît-il, surtout dans cette boîte américaine, les states étant en pleine guerre en Afghanistan.

Mais Lina atterrit : « Ah bon ? Musulman ? Je ne savais pas, en effet. Mais faut pas te faire du mouron pour ça. Moi je suis très croyante, catholique, je respecte ça au plus haut point. Détends toi, t'as l'air tout stressé. »

J'atterris à mon tour : « Ah ben oui ça... Je... Tu sais, avec ce qui se passe, les américains, tout ça... »

Lina : « Faut pas t'inquiéter je te dis. On a des politiques internes pour ça... Viens, je vais te montrer ce qu'on va faire. »

Et hop, je me retrouve avec les clefs d'un local vide inutilisé, près de l'entrepôt. Je me rends d'ailleurs régulièrement à l'entrepôt pour des questions de documents ou autre. Je pourrai, selon la proposition de Lina, en profiter pour y effectuer mes prières au calme et en toute transparence.

Le sol de ce local était même recouvert d'une moquette. Elle m'attendait visiblement, celle-là.

J'ai ainsi pu prier lorsque je le souhaitais, sans négliger pour autant mon travail évidemment. J'imagine que le fait d'avoir entretenu une bonne relation avec mes collègues avait joué en ma faveur, ainsi que le fait d'être reconnu pour mon boulot. Dieu facilite les choses à qui Il veut...

Je suis resté dans cette société pendant quelques années, puis je l'ai quittée pour une autre. Puis une autre et encore une autre. Aujourd'hui j'enseigne. Toujours j'ai pu trouver le temps et le lieu adéquats pour mes prières. Mais je n'ai jamais considéré cela comme un acquis ou un droit. Je m'y suis toujours pris par le chemin de l'humilité et de la reconnaissance et cela ne m'a jamais fait défaut. C'est là probablement une application de la parole qui dit « Allah donne par la douceur ce qu'il refuse par la rudesse. »

Parole à méditer assurément...

❁❁❁

Anecdote

Dans ma société américaine, un client autrichien était un jour venu me visiter pour mettre au point certaines procédures entre nos deux sociétés. Par pure politesse, il avait emmené avec lui un petit cadeau typique de sa région, il s'agissait d'un coffret de 3 bouteilles de vin blanc autrichien...

Moi : « Oh... Herr Schroeder... Vielen Dank, wirklich, aber... ich trinke kein alkohol... Entschuldingung... Ich... hum... »[1]

Mes collègues présents sur place ont écarquillé des yeux de merlan. Comment ce jeune blanc-bec osait-il refuser un cadeau d'entreprise ? Mon autrichien fondait sur place... il se décomposait.

Anne a sursauté et repris la barre : « Oh mais merci, Herr Schroeder, merci beaucoup de ce magnifique présent. Cela sera parfait pour la réunion de cette après-midi avec notre Branch Manager. » Elle tentait ainsi de récupérer l'âme abasourdie de ce Schroeder qui avait l'air d'avoir reçu un piano sur la tête.

Il s'en est remis depuis.

J'ai dû pour ma part inventer d'autres parades plus diplomatiques par la suite... Pas facile de se comprendre et de se faire comprendre sans choquer autrui... Surtout lorsqu'il s'agit de cadeaux et de bonnes intentions...

Mais bon, faut s'y faire et, comme pour tout, il faut trouver sa voie.

❀❀❀

Après ces épisodes de travail et quelques expériences plus ou moins enrichissantes, je me suis retrouvé pendant une période au chômage. Je me retrouvais une nouvelle fois à la recherche d'un emploi.

Mais à la différence de ma première « campagne », je portais désormais la barbe et pratiquais la prière, le ramadan... Tout cela se voyait et

1 Litt. : « Merci beaucoup, monsieur Schroeder, vraiment, mais... je ne bois pas d'alcool... Désolé... Je... hum... »

avait des conséquences pratiques au quotidien. Combien de fois me suis-je présenté pour un job et me suis vu refusé au premier regard ? Je ne les compte pas.

J'envoyais mon C.V. aux quatre coins du monde du travail et je recevais des propositions en retour. Mais dès que le recruteur découvrait ma barbe et se rendait compte qu'il avait devant lui un de ces fameux « convertis », son enthousiasme prenait du plomb dans l'aile...

Sans vouloir jouer la pleurniche, je ne crois pas être le seul à vivre pareille expérience. C'est ainsi, c'est un fait qui échappe à notre volonté ou notre pouvoir. Nous devons composer avec cette contrainte.

Bien évidemment, personne ne m'a refusé officiellement au nom de ma religion car cela représenterait une discrimination illégale. Mais je n'ai aucun doute que cela a joué en arrière-boutique. Parfois le job me semblait acquis tant que les contacts étaient restés téléphoniques ou par le biais d'e-mails. J'allais au rendez-vous d'embauche pour officialiser une collaboration et, dès le premier regard, le sourire curieux de mon interlocuteur, pourtant jusque-là heureux d'avoir trouvé le profil qu'il recherchait, disparaissait instantanément dans une grimace gênée, indigné de s'être laissé berner de la sorte.

Parfois, certains demandaient confirmation de mon nom (qui évidemment ne portait pas de trace ou d'indice de mon Islam). Certains me demandaient discrètement mon origine (Je ne ressemblais pourtant pas à un « arabe » ou un « turc ». Quelle était donc cette arnaque ?). Plus rarement, certains ont abordé le sujet frontalement, curieux des raisons de ma démarche vers l'Islam.

Moi, poli et courtois, je restais stoïque et prenais le soin de feindre de n'avoir rien remarqué pour répondre naïvement à ces questions qui n'avaient pourtant plus rien de professionnel. Je savais pourtant que mon histoire s'arrêtait là. Je n'ai jamais été démenti.

Un jour, j'en parlais avec un entrepreneur avec qui j'étais en contact privé, il m'a avoué avoir très souvent employé des travailleurs « d'origine musulmane » ... mais depuis le 11 septembre, ils pouvaient bien se brosser. Il n'en prendrait plus. Fini.

S'en est suivi une lourde discussion assez tendue sur le caractère injuste et illégal de son choix.

Selon lui, il était parfaitement dans son droit. Et, toujours selon lui, ce serait justement le fait que je sois musulman qui me faisait perdre mes opportunités professionnelles. Sur ce point au moins, j'étais assez d'accord avec lui...

Mais je lui contestais le fait que tous les musulmans doivent porter le fardeau de quelques-uns.

Attribuer un stigmate à tout un groupe social sans nuance est en fait une définition de la xénophobie, plus connue sous le nom de « racisme ».[1] Tous ne doivent pas être responsables des actes de quelques-uns.

C'est mon avis.

❁❁❁

La perte d'un emploi et la difficulté à en retrouver sont carrément un phénomène de notre époque et cela n'a pas été en s'améliorant avec les années. C'est un grand problème qui touche énormément de monde et – l'aurez-vous remarqué ? – pas que les musulmans. Bien des gens éprouvent ce problème et ont d'énormes difficultés pour s'en sortir. L'Islam, la conversion, la pratique religieuse, ou encore ce fameux « racisme » ne peuvent être tenus pour responsables de tous les maux de la terre.

Ce sont des données parmi d'autres et elles peuvent nous impacter. Bien entendu. Évitons juste le fatalisme de l'excuse facile. Rien n'est compliqué, mais tout est complexe. Tout problème a sa solution. Il faut juste la rechercher...

Pour ma part, j'ai choisi la voie de la patience et de la confiance en Allah. Je la conseille à toutes et à tous. Se rappeler que toute épreuve

1 Voir l'ouvrage « Le racisme » par Albert Memmi à ce sujet.

vient d'Allah permet d'y chercher le sens et, probablement, d'en arriver au bout. Par Sa Grâce.

Pour ma part, après quelques mois de chômage, j'ai eu l'occasion de suivre en 2004 une formation de qualité (excellente piste pour trouver du boulot, musulman ou pas) qui se clôturait par un stage en entreprise (autre piste de qualité pour trouver du boulot).

J'ai eu l'occasion de pouvoir choisir mon employeur pour ce stage et j'ai tablé sur une grosse entreprise internationale. J'arrivais chez eux avec la caution du centre de formation et je fus accueilli favorablement, barbe ou pas...

J'ai presté mon stage honnêtement et, une fois à son terme, ce que j'espérais est arrivé. On m'a recommandé en interne pour un autre poste, fixe celui-là. Et non plus un stage.

J'avais en quelques sortes fait « mes preuves » et je fus engagé le plus naturellement du monde.

Le Seigneur des mondes avait probablement voulu que je rencontre là des personnes justes et attentionnées et je tiens au passage à les remercier. Il est dit « Celui qui ne remercie pas les gens est comme celui qui ne remercie pas Dieu ».

Modestement : merci à ceux-là qui se reconnaîtront.

❁❁❁

J'avais ainsi retrouvé du taf[1] et j'en étais heureux. J'étais passé par diverses épreuves pour y parvenir, ainsi que par des remises en question, des doutes.

Chacun trouvera dans son épreuve ce qu'il devra y trouver pour autant qu'il reste attentif à la question du sens. Qu'y a-t-il à comprendre ? Qu'y a-t-il à en retirer ?

1 Pour un temps seulement, puisque de mon plein gré je quittai cette boîte en 2006 pour devenir enseignant. Je le suis toujours à l'heure actuelle.

Et parfois une épreuve ne se termine pas comme on l'imagine. Le Bien se trouve parfois par des voies que l'on ne soupçonnait pas. Ne l'oublions pas...

Quoi qu'il en soit, l'Islam considère le travail comme une adoration. Travailler relève donc d'un grand mérite. Ne l'oublions pas non plus. Et à chacun de trouver sa voie, même si les embûches sont nombreuses.

Voire très nombreuses...

❀❀❀

Bref, faut bien gagner sa croûte...

Dans ce chapitre dédié au monde professionnel, nous avons vu que le converti aura à faire face à de nombreuses questions et à des choix pas évidents à poser. Comment se faire reconnaître pour ses compétences et non son apparence ? Comment gérer sa prière ? Comment gérer son voile, son hijab (pour les dames) ? Comment gérer la prière de jomoa [1] ? Les jours de fêtes musulmanes et leurs prières ? Les relations avec les collègues ? La présence de l'alcool aux réunions ou dans les cantines ? Vaut-il mieux être indépendant ? En a-t-on les moyens ? La volonté ?

Comment... ? Où... ? Pourquoi... ?

Vaste programme, mais gardons au menu : sagesse, patience, savoirs, attitudes... et surtout : sincérité envers Celui qui pourvoit toute chose, Allah.

Et tout problème trouvera sa solution.

Incha Allah.

Quittons, pour le prochain chapitre, le monde du travail pour nous intéresser à un nouvel aspect de la conversion. Et non des moindres, comme vous pourrez le constater...

❁❁❁

1 La prière rituelle du vendredi, accompagnée d'un discours.

Au bonheur des psychopathes

Comme je le citais dans le chapitre précédent, un cliché s'est installé dans l'opinion publique et c'est celui du musulman terroriste.

S'il est déjà lourd à porter pour le musulman « de souche », ce stigmate-là l'est encore plus pour le converti, soupçonné silencieusement de connivence avec les milieux les plus dangereux de notre époque.

Au temps de ma conversion, c'est-à-dire juste au moment du 11 septembre, la psychose s'est faite grandissante. Et les événements internationaux ne l'ont pas ménagée par la suite.

De guerres géostratégiques en conflits aux intérêts troubles, l'Occident s'est taillé une relation très ambiguë d'amour-haine avec le monde musulman :

Une haine pour la violence qui s'y développe de manière malheureusement épidémique.

Et un amour déclaré pour certains pays et leurs dirigeants, un amour semble-t-il pas vraiment désintéressé. Mais ceci est une autre histoire (et ce n'est pas le Paris Saint Germain qui me contredirait... Hum ! Passons...)

Toujours est-il que ces ambiguïtés sont assez mal vécues au quotidien par les musulmans occidentaux en général et par les convertis en particulier. Vu que dans son ensemble, nous ne sommes pas milliardaires prêts à investir dans le sport de haut niveau ou les Champs Élysées, nous serions, selon certains, plus portés vers l'autre axe du monde musulman binaire tel qu'ils se le présentent : celui d'un terrorisme effrayant prêt à tout pour détruire les civilisations.

Une espèce de virus, un cheval de Troie ambassadeur de la fameuse « cinquième colonne »[1] que citent les journaleux : l'Islamisme, aussi appelé le « fascisme vert ».

Enchanté...

---

1 La cinquième colonne est une expression qui désigne les partisans cachés, au sein d'un état ou d'une organisation, d'un autre état ou organisation hostile.

Moi qui naïvement avais cru simplement pouvoir vivre ma vie, je me voyais soupçonné de vouloir accélérer la fin du monde. Je ne l'avais pas vu venir, celle-là...

Convertis tous terroristes ?

Au début de mes années 2000, alors que je fréquentais de plus en plus la mosquée, mon père me fit ce précieux conseil : « Regarde bien où tu fous les pieds !!! »

C'était ferme, c'était clair.

J'imaginais bien que me voir me rendre régulièrement dans ce qui était, selon la télé, le nid de tous les problèmes de notre époque ne devait pas le rassurer.

Mais moi, je ne pouvais décidément pas le comprendre. Je n'avais et n'ai jamais eu de tentation assassine ou violente et j'éprouverais du remords à écraser une mouche. Je n'envisagerais pas de détruire une civilisation, tout de même.

Non, mon truc avec la civilisation ce serait plutôt de la continuer. D'y contribuer. Mais bon, voilà, l'époque était celle-là et les peurs allaient avec. Et je crois bien que rien ne s'est arrangé depuis lors...

J'allai donc à la mosquée en toute confiance, je n'y côtoyais que des gens sages et sereins. Je n'ai jamais rencontré de terroristes en puissance, ni de personnes mal intentionnées. Pas plus qu'ailleurs quoi...

Je pense bien que comme tous les groupes humains, ceux qui peuplent les mosquées portent en eux les mêmes qualités et les mêmes défauts que les autres. Il y en a certainement de tous les goûts et toutes les couleurs. Mais la tendance générale dans une mosquée c'est plutôt à la spiritualité et la sérénité.

Parfois, je me surprends à imaginer que cela puisse étonner ou laisser perplexe.

Non, messieurs, dames, pas de cache d'armes dans nos mosquées, ni de cachots humides (ou secs d'ailleurs). Pas de séance d'entraînement à je ne sais quel art martial. Non. Pas de réunion secrète pour décider comment on démontera le vieux continent.

Dans les caves de ma mosquée, il y a bien une bande d'habitués qui complotent, je les ai rencontrés, je les connais bien même, mais leur complot vise plutôt à savoir qui va offrir le thé du soir. Des histoires de pistaches, de cacahuètes aussi (délicieuses avec le thé).

Ça complote de tout et de rien, de bagnoles d'occasion, de maisons à louer, de gosses aux études... de billets d'avion moins chers, de vacances au soleil méditerranéen. Entre autres...

Voilà ma mosquée. C'est ça que j'y ai découvert dans ma mosquée, et c'est pareil partout où je suis allé.

La mosquée de mes débuts, avec le temps, je l'ai fréquentée de plus en plus. J'y suis devenu un habitué. Quelqu'un d'impliqué. Puis d'influent. J'ai fini par y devenir responsable. Et en tant que responsable, je suis atterri dans une institution, « L'Union des Mosquées », où j'ai retrouvé tous mes collègues responsables des mosquées de ma région. [1]

Vous savez, les responsables sont ces gens qui inscrivent leur nom au moniteur belge, le journal officiel de l'État Belge, qui enregistre les actes et les statuts des associations.

Toutes les mosquées de Belgique sont des associations. Et soumises à la loi belge pardi ! En y devenant responsable, je prenais sur moi une part de la responsabilité de ce qui s'y passait.

Responsable devant la loi de la bonne gestion financière par exemple, mais aussi responsable que rien d'illégal ou répréhensible ne s'y déroulait.

Pour être clair : si quelque chose se passait mal, c'est chez moi (entre autres) que l'État serait venu demander des comptes. Ou défoncer la porte.

1 C'est entre autre pour cela que je ne crois pas être naïf ou mal informé. Les mosquées, les imams, les fidèles de ma région, je les connais. Je connais leurs situations, leurs problèmes, leurs souhaits, leurs espoirs, souvent les mêmes. Ce n'est pas pour rien que les mosquées s'unissent, en définitive.

Imagine-t-on ce que cela signifiait lorsque quelqu'un prenait la parole dans la mosquée ?

J'étais légalement responsable de ce qu'il s'y disait. Responsable devant la loi mais aussi responsable devant tous les fidèles (qui ne veulent surtout pas de remue-ménage ou de mauvaise publicité) et bien évidemment responsable devant Dieu de tout ce qui s'y passait ou s'y disait.

J'aime autant vous dire que ni moi ni personne dans ces cas-là n'aurait envie de laisser « un extrémiste islamiste fasciste etc. » se lancer dans des discours publics et des diatribes guerrières...

Ça, ça se passe ailleurs. Mais pas dans les mosquées. 1

Non, mesdames, messieurs, les mosquées ne sont pas des nids de frelon. Mon expérience m'a fait y rencontrer de nombreuses personnes et toutes ont des opinions différentes, des engagements différents, des avis politiques différents, des « tendances » religieuses différentes... bref ce sont tous des êtres humains dans toute leur complexité. Pas des anges, juste des êtres humains.

Et tous, absolument tous, recherchent la même chose que les autres êtres humains de la planète : être heureux.

Être heureux et vivre dans le bonheur, tant que faire se peut.

Ça fait bizarre de l'écrire (et pour vous, peut-être de le lire), mais vouloir être heureux est un fondement chez la plupart des êtres humains.

Il n'y a guère que les psychopathes qui sont heureux en tuant la vie qu'Allah a fait sacrée, en détruisant ce que d'autres ont construit patiemment ou en piétinant le bonheur des autres...

Le bonheur... Est-ce donc cela la clef pour comprendre la conversion d'un proche à l'Islam ?

---

1 Je ne nierai pas qu'un certain discours extrême semble séduire certains jeunes et les pousse à devenir la chair à canons de conflits qui ne les concernent souvent pas. Mais ils sont de toute évidence le fait d'internet plus que de toute mosquée... Et Dieu est plus savant. Les névroses sociétales qui les y poussent restent à analyser avec courage et sincérité.

Voyait-il dans sa conversion un moyen vers son bonheur ?

Évidemment.

Vous avez le droit d'être en désaccord avec lui, mais rappelez-vous que vous ne pourrez jamais vous substituer à son esprit et qu'il restera au final seul décideur de ses choix.

N'est-ce pas là une définition de ce fameux « Libre Examen » si cher à l'Occident ?

Bref, je ne suis pas un terroriste...

Nous avons vu (et nous le voyons, je pense, encore tous les jours) que l'assimilation musulman-terroriste est plus que jamais d'actualité. Il faudra à tous ici encore beaucoup de patience et de pédagogie pour démontrer le contraire. Mais comment ? Voici quelques outils...

En tant que musulman, je pourrais affirmer ceci :

Comme tout le monde, je veux être heureux, et ne saurais l'être en empêchant les autres de l'être.

Je ne peux tuer la vie qu'Allah a faite sacrée.[1]

Je ne saurais contraindre par la force quiconque à croire, chacun reste seul aux commandes de ses convictions.[2]

Tous les êtres humains sont « frères » en quelque sorte et liés par un honneur commun, celui d'être les « fils d'Adam »[3], les chrétiens, les juifs sont « les gens du Livre »[4], les héritiers de prophètes reconnus en Islam[5]. A eux leur religion, à moi la mienne[6].

Et bien sûr, ma préférée :

1 « Ne tuez point la vie qu'Allah a rendu sacrée » Le Coran, sourate El Isra (Le voyage nocturne) verset 33

2 « Est-ce à toi de contraindre les gens à devenir croyant ? » Le Coran, sourate Younous (Jonas), verset 99.

3 « Certes, Nous avons honoré les fils d'Adam. » Le Coran, sourate El Isra (Le voyage nocturne), verset 70

4 « Dis : "ô gens du Livre, venez à une parole commune entre nous et vous » Le Coran, sourate Ale Imran (La famille d'Imran), verset 64.

5 « Dites : "Nous croyons en Allah et en ce qu'on nous a révélé, et en ce qu'on a fait descendre vers Abraham et Ismaël et Isaac et Jacob et les Tribus, et en ce qui a été donné à Moïse et à Jésus, et en ce qui a été donné aux prophètes, venant de leur Seigneur : nous ne faisons aucune distinction entre eux. » Le Coran, Sourate Al Baqarah (La vache), verset 136.

6 « A vous votre religion, et à moi ma religion » Le Coran, sourate Al Kafiroune (Les mécréants), verset 6.

En Europe, nous sommes tous dans le même bateau, s'il coule, nous coulons avec lui.[1]

Et si on le crame, c'eﬆ nous, musulmans, que l'on cramerait en premier... [2]

Mais rêvons d'autre chose... Tant qu'on le peut encore...

Dans le chapitre qui suivra, nous reviendrons vers Claire, la maman de notre fameux Petit Anelka, aux prises avec des queﬆions bien étranges venues de loin...

❁❁❁

1 Ça ce n'eﬆ pas du Coran, mais c'eﬆ la parole d'un ami imam.
2 Et ça c'eﬆ de moi... (on fait ce qu'on peut).

Toutes voiles dehors...

« Si Dieu l'avait voulu, il aurait fait de vous une seule communauté. Mais il a voulu vous éprouver par le don qu'il vous a fait. Cherchez à vous surpasser les uns les autres dans les bonnes actions. Votre retour, à tous, se fera vers Dieu. Il vous éclairera, alors, au sujet de vos différends.»

Le Coran, Sourate Al Maida (La Table servie), verset 48.

Claire, la maman du Petit Anelka, convertie échaudée lors de son premier mariage, est en retard... Elle vient de quitter son emploi à mi-temps de rédactrice dans un quotidien local après une longue réunion de rédaction qui lui a pris un temps précieux alors que cela n'était pas prévu.

Elle doit rejoindre sa grand-mère cet après-midi et lui a promis de lui faire ses emplettes avant de passer à l'école reprendre son fils. Elle entre dans le supermarché en trombes, la liste de mamy sous les yeux...

« Pardonnez-moi, monsieur, n'avez-vous plus de sucre de régime ? Vous savez, ce sucre pour diabétique... » demande-t-elle à un réassortisseur.

« Si ! En rayon ... » répond-il sèchement en tournant les talons.

« Enchantée – pense Claire – on ne peut pas faire plus agréable ? Je vais donc me débrouiller seule... »

Elle a beau en avoir pris l'habitude, ce genre de réaction reste très désagréable. Le voile dérange définitivement. « Femme soumise » dit-on. « Femme forcée » parie-t-on aussi...

« Comme si ces réactions à la noix y changeraient quelque chose le cas échéant...[1] » grommelle-t-elle en découvrant finalement le sucre de substitution.

Bref, elle ne se trouve pas dans les meilleures dispositions pour le reste de sa journée. Elle tire même une bien drôle de tête, assez désagréable à vrai dire. Et comme elle se hâte entre les rayons pour ne pas rater son emploi du temps, elle ne fait pas bonne figure.

---

1 Eh oui, même en face d'une « femme forcée », « soumise » ou quoi que ce soit, lui être désagréable ne changera rien.

À nouveau perdue devant un rayon trop chargé où elle ne trouve pas ce qu'elle cherche, Claire sent tout à coup une petite tape sur l'épaule.

« Excusez-moi madame... » lui glisse une voix derrière elle.

Elle se retourne : « Oui ? »

Une dame âgée se trouve face à elle : « Est-ce que vous me détestez ? Est-ce que vous me détestez *vraiment* ? »

Ah ben, ça alors, on ne lui avait encore jamais fait ce coup-là. C'était un peu comme prendre un bloc de béton sur la tête. Malgré tout, Claire tente de faire bonne figure :

« Vous détester ??? Euh... non... enfin... pourquoi est-ce que... ??? »

Il faut un peu de temps à Claire pour encaisser le choc. Elle essaie de se reprendre, de rattraper du souffle :

« On ne se connaît pas n'est-ce pas, madame ? »

La vieille dame reprend : « Non, non, je ne vous connais pas... mais je souhaiterais tout simplement savoir si vous, musulmane, vous me détestez, moi, la personne infidèle. Moi, mon pays, ma culture, ma liberté... »

Eh ben dites donc... Ça ne va pas être facile aujourd'hui, pense Claire, elle qui voulait tout simplement faire ses courses rapidement. Elle aimerait maintenant pouvoir foutre le camp sans en demander plus... disparaître... se glisser hors de cette situation...

« Allez, ma fille, du courage – se dit-elle. Rien ne sert de fuir. On va aller au bout de ce délire là... Encore une fois... » Elle propose à la dame : « Est-ce que je peux vous inviter à boire un petit café, madame ? On sera plus à l'aise pour discuter, non ? »

« Oui... j'imagine, dit la dame. »

Prendre quelques minutes pour se recentrer, se poser un peu. Ça rassure. Et ça permet de mettre de l'ordre dans l'esprit. Quelques minutes plus tard, les deux femmes sont attablées à la terrasse d'un petit café de la galerie commerçante. Cappuccinos... Et du sucre... du vrai.

❁❁❁

« Vous savez, dit la dame, j'ai vécu les années 60, la libération de la femme. Je me suis battue, moi, j'ai divorcé en 63 de mon premier mari, à une époque où cela ne se faisait pas. Avant cela j'ai vécu les époques où une femme ne pouvait pas voter, ne pouvait pas avoir un compte bancaire sans l'autorisation de son mari ou de son père. Nous nous sommes battues, ici, vous savez, pour gagner notre liberté. Notre indépendance. Alors, quand je vous vois comme ça, toute voilée, ça me fait un peu drôle, mademoiselle. Ne m'en voulez pas… »

Son ton était ferme et déterminé, mais sans agressivité. Claire sentait bien que cette volée de bois vert cachait quelque chose.

« Appelez-moi Claire, commença-t-elle. Ce sera plus convivial. Et puis, entre divorcées, on se comprendra mieux. »

« Vous êtes divorcée ? Je croyais que votre religion l'interdisait… que vous risquiez la lapidation. »

Décidément, rien n'y couperait aujourd'hui.

« Madame, reprit Claire… »

« Appelez-moi, Simone », répondit la dame, en souriant légèrement.

« D'accord, Simone. Il faut que je vous dise que vous semblez vous trimballer un paquet d'idées reçues et qu'il va falloir mettre tout cela au placard si on veut se comprendre : ma religion n'interdit pas le divorce et je ne risque absolument pas la lapidation. Je me suis battue pour divorcer et je me bats encore tous les jours pour élever mon petit garçon. Je me bats tous les jours contre des idées qui me fatiguent et me désolent. Je me bats tous les jours comme tout le monde, pour vivre, pour bosser, pour payer les factures, et le reste, sauf que moi, on me considère souvent pour un paquet de trucs que je ne suis pas avant même qu'on ne me parle ou qu'on ne m'entende. Et ça, plus que tout, ça m'attriste parce que tout le monde prétend être ouvert et intelligent et que tout le monde se parjure de ces promesses non tenues. »

En parlant, elle a senti sa tension monter et ses joues rougir. Elle a même le souffle court, un peu nerveux. C'est la journée qui veut ça… Probablement.

« Vous l'avez dit, Claire, reprend Simone. On se bat toutes et tous, tous les jours… »

Elle sourit un peu, mais visiblement elle ne compte pas reprendre la main dans la conversation. C'est à Claire d'enchaîner :

« Bien sûr. La vie n'est pas facile tous les jours. Mais quand on fait face aux stéréotypes, c'est encore pire. Ça je peux le dire. »

« Moi au moins, reprend Simone, je vous ai abordée pour en parler. Qu'en pensez-vous ? N'est-ce pas mieux ainsi ? »

« Si bien sûr, je ne dirai pas le contraire. Mais tout votre refrain sur votre combat… Vous semblez me l'opposer à moi ? Sous prétexte que je suis voilée, c'est ça ? »

« Précisément, dit calmement la vieille dame. Votre voile me semble tout à fait représenter l'exact opposé de tout ce pour quoi ma génération s'est battue. Voilà tout. »

Claire regarde Simone dans les yeux. Il n'y a pas d'agressivité entre elles, mais on sent bien que les points de vue s'opposent.

« Je concède, qu'en apparence, porter un voile peut sembler l'exact opposé de mai 68, si c'est à cela que vous pensez, dit Claire. Et ce n'est pas tout à fait faux. Mais mon voile est aussi l'étendard de mon choix à moi, en tant que femme. Mon choix que rien ni personne ne saurait ébranler. »

« C'est cela que je ne comprends pas, reprend Simone. Comment accepter de se fermer à la société ? Pourquoi se voiler ? Alors que dans notre pays, vous êtes libre de faire ce que bon vous semble et… »

Claire la coupe :

« Votre pays ? N'est-il donc pas le mien aussi, votre pays ? C'est la meilleure, ça. Vous ne savez pas que je suis belge d'origine ? Je suis une convertie à l'Islam. Vous pouvez garder ce couplet raciste pour d'autres… »

« Mais… je ne suis pas raciste, reprend Simone, visiblement étonnée et décontenancée. Je suis même pour être exacte une militante antiraciste… Je… Lorsque j'ai dit « notre » pays, c'est le nôtre… notre pays, à nous deux… »

Les deux femmes se regardent l'une l'autre, médusées, chacune à sa manière et pour ses raisons propres. De longues secondes coulent dans le temps...

« Je crois qu'on ne se comprend pas, dit Claire. Je m'excuse de vous avoir accusée de racisme. »

« En tout cas, tente Simone, ce n'est pas sur des bases racistes que je vous interpelle. C'est vraiment au nom d'idées, d'idéaux. »

« Puis-je vous demander lesquels ? » essaie Claire. La situation est au pire entre elles, mais elle sait que si on peut tous s'entendre c'est bien sur ces choses que l'on appelle nos idéaux.

« Bien sûr, dit Simone, toujours interdite. Si je vous interpelle au sujet de votre foulard, c'est au nom de la liberté. La liberté de penser librement. Au nom du Libre Examen. Au nom des droits des femmes. Au nom de ces choses qui se perdent dans notre société de nos jours... »

« Voilà, pense Claire, nous y touchons. »

« Et vous voudriez, risque Claire, *m'interdire* de porter mon voile au nom de la *Liberté*, j'imagine ? [1]» En disant cela, elle sourit de toutes ses dents. Sincèrement, sans aucune provocation, même si elle sent que ça pourrait être pris pour cela.

« Euh, non, pas vous l'interdire... mais enfin... en discuter un peu, histoire de... »

« ... de me faire changer d'avis ? » Claire sent qu'elle tient le bon bout. On va s'entendre.

« Euh... oui, peut-être, » reprend Simone.

« D'accord, dit Claire, imaginons que l'on en discute mais qu'après coup, je souhaite tout de même pouvoir porter mon voile, est-ce que vous respecteriez ce choix ? Si j'arrivais à vous convaincre qu'il s'agit bien là d'une démarche raisonnée et tout à faire personnelle ? Ou bien passeriez-vous par l'interdiction contre ma propre volonté, contre mon libre examen ? » Elle utilisait ces derniers termes volontairement, évidemment.

1 L'interdiction est, en effet, une forme un rien plus subtile de l'imposition, mécanisme plus proche des dictatures que des démocraties... Et pourtant nous n'y coupons pas...

« Disons que… j'interdirais… oui et non… Disons qu'on ne se voile pas dans notre culture. Voilà. Partons sur cette base et on se comprendra. » La dame pensait visiblement marquer un point en disant cela. Mais Claire rétorqua :

« Mais je ne me voile pas pour des questions culturelles, pas du tout même, ça n'a absolument rien à voir avec la culture. »

« Allons bon, Claire, si vous me permettez, vous vous voilez pour démontrer la soumission de la femme envers l'homme. Elle qui fut créée précisément inférieure à l'homme. C'est cela votre voile : la réaffirmation de la toute-puissance masculine. Le retour consenti au patriarcat. Et cela, chez nous, jamais !!! Nous nous sommes battues, Claire, contre cette agression constante. Contre cet ordre tacite. Nous nous sommes battues pour nos droits et je ne peux pas tolérer qu'on y atteigne, même sous tous vos beaux discours. Jamais ! »

Décidément, ça n'allait pas fort.

« Vous vous êtes battues pour quoi exactement ? » demanda Claire, de manière ingénue.

« Mais pour nos droits, tout simplement. Le droit de vote, le droit au travail, l'indépendance, le droit d'exister… »

Claire rebondit : « Et qu'est-ce que mon voile vient faire dans cette histoire ? »

Simone sursauta : « Mais votre voile, c'est tout le contraire. Tout le contraire. Tout simplement. Voilà pourquoi je ne pourrais pas l'accepter. Et pas que votre voile, toute votre religion s'oppose à cela… »

« C'est là qu'on doit se comprendre, dit calmement Claire. Je crois en effet que vous vous méprenez fortement sur l'affaire. »

« Comment ça ? » demanda Simone.

« Ni mon voile, ni ma religion, en tout cas de la manière où je les conçois moi, ici, en Belgique, ne m'empêcherait aucunement de me battre à vos côtés pour ces causes… Bien au contraire. Et c'est à cause de cela précisément que je vous dis et vous affirme que vous vous méprenez sur l'affaire. »

« Continuez », dit Simone.

« Si je porte mon voile, j'ai également envie de travailler. Et rien ni personne ne me l'empêchera. Sauf le patron qui ne m'engagerait pas à cause de ce tissu sur ma tête, bien entendu. Je souhaite travailler, gagner ma vie, et j'entends bien toucher le même salaire qu'un homme pour cela. Et je me battrais pour cela. Envers et contre tout.

Si je porte le voile, c'est par un choix personnel. Que j'ai posé en fin d'adolescence. Un choix qui s'est joué dans *ma* tête, à moi. Là où je suis seule à penser.

Un choix que j'ai dû expliquer à mes parents, qui n'en voulaient pas. Un choix dont mes professeurs ne voulaient pas. Qu'ils ont refusé, tout net, en m'empêchant de le porter en classe et à l'école.

Savez-vous quoi ? Ils n'ont jamais pu changer mes idées, mes convictions. Ils m'ont obligée à l'ôter le matin, ils m'ont même aménagé un local pour que je puisse me changer, retirer mon voile, me recoiffer… mais je le remettais dès que je passais la porte de l'école. Au grand dam de certains.

Certains autres ont commencé à se poser des questions, à me poser des questions, à essayer de comprendre ma démarche. Certains ont compris, d'autres pas.

Mais je n'ai pas baissé les bras.

À l'université, c'était plus facile, on y considère l'adulte. Mais certains là aussi m'ont prise de haut, comme une idiote, une pauvre manipulée, une soumise. Là aussi, certains ont essayé de me comprendre et certains y sont parvenus. Et d'autres pas…

Par la suite, une fois diplômée, je n'ai toujours pas baissé les bras.

J'ai enchaîné les entretiens d'embauche. Difficilement. J'ai éprouvé l'égalité citoyenne. Et j'ai dû jouer des coudes. Batailler dur pour prouver que mes compétences ne s'arrêtaient pas à ce tissu sur ma tête. Là aussi, des collègues, des patrons ont essayé de comprendre. Certains ont compris et accepté, d'autres pas.

J'ai œuvré avec les premiers et j'ai dû délaisser les seconds. Mais je n'ai jamais baissé les bras.

Aujourd'hui, avec mon divorce, avec mon garçon, je dois me battre plus que jamais. Jamais je ne peux baisser les bras...

Je me bats pour *mes* idées, à moi, pour *mes* idéaux, en lesquels je crois, je me bats contre des stéréotypes ridicules mais répandus dans l'opinion, je me bats et me battrai pour ces choses élevées qui m'animent... »

Simone la regardait, impassible, pendant un instant. Puis, elle dit :

« Mais pourquoi vous imposer une telle violence, une telle difficulté ? Pourquoi vous imposer ce voile, cette religion pleine d'interdits, de règles ? Pourquoi ne pas jouir des facilités de notre monde ? »

« Simone, ça c'est la question de la foi. Je ne crois pas m'imposer quoi que ce soit, je pense tout simplement faire ce que j'ai décidé de faire. Ce choix n'est pas forcément plus difficile qu'un autre. Je crois en l'Islam, de tout mon cœur, et ce que j'y ai trouvé m'anime en chaque instant... Et je pense également pouvoir vous dire que pour ce qui est de jouir de la vie, je n'en rate pas une miette. »

Non mais...

« Oui, mais pourquoi ce voile ? Pourquoi vous couper du monde ? Pourquoi refuser la féminité ? La beauté ? »

« Mais je suis féminine, Simone, et je connais les choses de la beauté, mais la différence c'est que c'est *moi* qui choisis envers qui je me dévoile et qui découvrira ma féminité. Elle est mon trésor et je le réserve à qui je veux. *Je* décide *seule* comment *je* dispose de mon corps.

L'Islam enseigne la valeur d'une femme, une valeur énorme, la valeur de celle qui porte la vie, de celle qui enfante et qui éduque. Une valeur comparable à un bijou ou une pierre précieuse, comme l'a enseigné mon Prophète. Mon voile est un acte de foi envers le Seigneur, le signe de ma pudeur, le signe que c'est moi qui choisis de dévoiler ma personne envers ceux qui comptent pour moi, mes proches, mon père, mon compagnon[1] et ... »

« Pardon ? Votre voile ? Un acte de pudeur ? »

« Mais oui, de pudeur... pourquoi ? »

« Vous n'allez pas me soutenir que c'est par pudeur que toutes ces jeunes filles se voilent ? »

« Peut-être pas toutes, non, mais celles qui portent le voile avec foi savent bien ce qu'il représente... »

« La pudeur... Première nouvelle... » La vieille dame tombait visiblement des nues...

« Ne me dites pas, Simone, que vous n'en aviez jamais entendu parler... Allez-vous m'affirmer que la pudeur n'est pas une valeur qui peut nous réunir ? Que cette valeur est étrangère à notre société ? »

« Non... non, bien sûr. La pudeur... Mais, chez nous la pudeur ne va pas aussi loin. On peut être pudique sans pour autant se voiler la tête... »

« Peut-être. Chacun ses conceptions. N'oubliez pas que la pudeur dont je parle est aussi un élément de ma foi, de mon comportement envers Dieu et... »

« Je ne crois pas en Dieu. », dit Simone, très posément.

« J'entends bien. Encore une fois, chacun est libre. Et je pense savoir que, sous nos latitudes, on laisse le droit à chacun de croire ou de ne pas croire, tout comme le droit de pratiquer la religion de son choix. Si on compare ceci avec ce qui se passe dans bien des pays, cette liberté religieuse est une richesse énorme... »

« C'est vrai... Je ne le nierai pas... »

« Pourriez-vous finalement comprendre que nos valeurs devraient nous rassembler et non nous séparer ? Même si leur expression diverge. Tout ce qui vous anime concernant les femmes, le travail, l'égalité des salaires, tout ça, la liberté de penser, moi aussi j'espère y œuvrer. »

1 Claire est certes divorcée mais elle est remariée, au père de son Petit Anelka.

« Le problème, voyez-vous Claire, c'est qu'avec votre voile, vous semblez précisément aller dans le sens inverse. »

« Ça, c'est ce que *vous* pensez. C'est ce que mon voile *vous* inspire. Mais après notre discussion, je pense avoir essayé de vous démontrer le contraire, non ? »

« Peut-être, fit Simone, en se parant d'un sourire. Il est vrai que vous me suggérez des choses que je ne soupçonnais pas… en tout cas dans le chef d'une femme voilée. »

« Et moi je ne m'imaginais pas que mon voile pouvait vous renvoyer autant à vos positions, à vos combats… » dit Claire.

« C'est pourtant bien le cas. Et sachez que votre religion ne se présente pas à tout le monde telle qu'elle vous apparaît à vous. »

« Peut-être… c'est vrai… mais chacun est responsable de ses idées, de ses opinions. Ma religion m'a enseigné que Dieu a créé l'Homme en communautés différentes alors que s'Il avait voulu, nous n'en formerions qu'une. Ces différences sont des appels à s'entre-connaître. Notre Seigneur nous enjoint à nous concurrencer dans les bonnes manières et les bonnes actions, en dépit de nos différends, et au final, c'est à Lui que nous retournerons et Il décidera entre nos divergences… »[1]

« C'est beau, je le concède… » dit Simone, qui sourit à nouveau, puis conclut :

« Claire, retournons-nous-en à nos occupations. Je crois que nous repartirons avec des choses que nous n'avions pas au début de cette après-midi… »

« En effet, en effet… Et je souhaite que nous puissions faire bon usage de ce que nous avons appris l'une sur l'autre… »

« Espérons-le » conclut Simone.

---

1 Cette sagesse coranique renvoie, d'une certaine manière, à ce que l'on nomme « L'Hypothèse de contact d'Allport », qui dit, en substance, que plus on apprend à se connaître et plus on minimise l'impact des préjugés mutuels. Bien entendu, la vision coranique comporte une dimension métaphysique qu'Allport n'explore pas…

Les cafés étaient froids. Les deux femmes en recommandèrent de nouveaux, et bien chauds. Le sujet était clos. Elles purent passer à autre chose.

Claire parla de son fils, Amine. Et de sa grand-mère. Simone parla de ses enfants et ses petits-enfants et de sa place au sein d'une large tribu dont elle était le centre matriarcal.

Toutes deux se trouvèrent le point commun d'être heureuses de leur vie. De leur famille. Même si les moyens et les résultats étaient différents pour l'une et l'autre, le bonheur était un point commun.

Elles se sont quittées avec pour chacune des choses à raconter et à propager.

Finalement, ce n'était pas si mal…

❀❀❀

Bref, je suis une femme voilée...

Ainsi, Claire a découvert chez Simone une force de caractère qu'elle connaissait mais dont elle n'imaginait pas les implications face à elle, face à son voile, sa religion.

Simone aura découvert en Claire beaucoup moins de désaccord que prévu.

Parfois une simple discussion suffit à lever l'opprobre. Ce qui oppose les gens n'est parfois pas grand-chose dès l'instant où l'on se pare du respect de l'autre.

Si on pouvait tous œuvrer au bien commun dans le respect de l'autre, le quotidien s'en trouverait certainement mieux.

Et au final, Dieu jugera de nos différends.

Grandeur et décadence

Un poète arabe[1] a dit :

« Toute chose, en apparence parfaite, connaît pourtant son manque,
Aussi, que l'Homme n'imagine pas sa vie parfaite,
Elle est en effet à l'image des dynasties :
Elles connaissent l'apogée, et elles connaissent le déclin... »

1 Abou Al Baqae Ar Randî

De Ramatuelle à Baghdad

Faisons ensemble une petite digression vers un sujet qui me tient particulièrement à cœur parce qu'il est fort méconnu. Tout du moins sous nos latitudes.

Il s'agit de l'apport de la civilisation musulmane à l'Humanité. Et pour débuter cette nouvelle partie, je vous emmènerai volontiers vers le sud de la France, à Ramatuelle exactement.

Ramatuelle est une commune du bord de mer, sur la côte méditerranée. Elle fut fondée par des musulmans provenant de l'Andalousie musulmane voisine.

Son nom porte le stigmate de son origine arabe : il est la francisation des termes « Rahmatullah », qui signifie « La miséricorde de Dieu », devenu en français « Ramatuelle ».

Cette ville fut probablement un comptoir commercial pour les commerçants musulmans qui étaient à cette époque de grands voyageurs.

Ces commerçants bénéficiaient d'un réseau de routes commerciales et de comptoirs commerciaux disséminés dans toute la zone des califats islamiques de l'époque et qui s'étendaient précisément depuis l'Andalousie jusqu'à la lointaine Perse, le Khorasan, l'Asie Mineure.

Un tel empire mettait en relation des peuples et des savoirs qui avaient été coupés par le passé et les échanges commerciaux favorisaient les découvertes et les échanges techniques issus de civilisations différentes désormais réunies.

Ces savoirs étaient rassemblés, compilés puis développés dans les différents lieux de la vie intellectuelle de cette époque. Baghdad et sa célèbre « Maison de la Sagesse » en sont un exemple des plus éloquents.

On étudiait dans ces lieux dédiés aux savoirs les techniques et les connaissances du monde de l'époque. Les savants se spécialisaient et développaient des connaissances nouvelles qui étaient ensuite promotionnées dans tout l'empire.

A Ramatuelle, les commerçants musulmans amenèrent avec eux des pains de savon dont l'origine antique était à situer au Cham, dans l'actuelle Syrie. Les savons traditionnels connus sous le nom de « Pain d'Alep » sont d'ailleurs encore réputés aujourd'hui.

A Ramatuelle, ces pains de savon furent accueillis par les populations locales et les premières manufactures de savon du sud de la France remontent à cette époque.

Le temps et le bon sens humain ont fait en sorte que cet apport dans la région fut totalement assimilé par les habitants qui ont fait leur cette technique.

Les siècles qui passèrent firent de ce savon d'Alep, importé par des commerçants andalous depuis la lointaine Syrie, un produit traditionnel local mondialement réputé. Il est connu aujourd'hui sous le nom de « savon de Marseille ».

L'Âge d'Or

L'exemple de Ramatuelle et de la propagation du savon, exemple anodin mais dont l'implication nous est quotidienne, est emblématique de la méconnaissance profonde des apports de la civilisation islamique à l'Humanité.

Si aujourd'hui, le converti est perçu comme quelqu'un qui s'arabise et s'aliène sa propre culture et sa propre histoire, c'est probablement en partie dû au fait que l'on méconnaisse l'enracinement musulman de notre propre histoire et de notre propre culture.

On nous parle de l'histoire de nos ancêtres Gaulois, de la Romanisation de nos régions, des chaussées romaines, des villas romaines, des apports de l'antiquité romaine ou grecque à notre civilisation.

Mais, que sait-on du Moyen-âge en terre d'Islam ?

À l'heure où l'Europe basculait dans l'obscurantisme et la barbarie, à l'heure où les délicates villas romaines font place dans l'histoire aux grossiers centres urbains moyenâgeux, il se déroulait à l'autre bout de la Méditerranée, une toute nouvelle page de l'Histoire du Savoir et de la Connaissance.

Une époque que certains nomment « l'âge d'or de l'Islam ».

Une époque où le savoir et les lettrés fuyaient l'Occident ou se terraient dans leurs retraites religieuses en attente de jours meilleurs.

Une époque où le califat Abbasside de Baghdad accueillait et favorisait ces savoirs et ces lettrés indépendamment de leur origine, leur langue ou leur religion.

Une époque où la recherche et la découverte étaient les buts qui réunissaient les érudits en un lieu mythique, dans une ville mythique :

La Maison de la Sagesse, à Baghdad Al Qadima.

Mille et une nuits

Baghdad al Qadima, ou Baghdad l'Ancienne, est le nom de la ville des Mille et Une Nuits. C'est la ville dont le rayonnement et l'atmosphère laissaient une telle nostalgie dans le cœur de ceux qui l'avaient connue qu'elle a inspiré un grand nombre de poètes, de sages, d'architectes, d'urbanistes, de penseurs.

Cette ville mythique fut totalement détruite lors des invasions mongoles du 12ème siècle, ne laissant que des souvenirs, des contes et des mythes.

C'est à Baghdad qu'une des plus étonnantes expériences humaines a vu le jour. Il s'agit de la « Maison de la Sagesse ».

Ô toi mon frère converti, ô toi ma sœur convertie, apprends l'héritage laissé à l'Humanité par cette institution. Notre Histoire commune, la civilisation humaine est le fruit de tout le savoir humain, et l'apport musulman est un des plus importants et certainement un des plus méconnus.

❁❁❁

La Maison de la Sagesse

La Maison de la Sagesse est le nom donné à cette institution totalement méconnue aujourd'hui mais qui figure parmi les plus captivantes de l'histoire de l'Homme. C'est le lieu que le calife[1] Abbasside Al Mamoun a pensé comme un sanctuaire dédié au savoir, à l'étude et à la recherche. Un lieu ouvert à toutes les confessions : s'y retrouvaient tant des musulmans, que des juifs, des chrétiens, des manichéens, des zoroastriens et bien d'autres encore. Tous se retrouvaient autour d'un projet commun : rassembler les savoirs et les sagesses du monde, les partager, les développer et les amener là où on le pourrait.

De cette époque, de cette expérience, ont surgi des avancées parmi les plus significatives de l'histoire et ce, dans tous les domaines scientifiques. Un exemple ? Un seul, mais il vous parlera. Nos chiffres : les fameux chiffres dits « arabes » sont par exemple le fruit de la collaboration des uns et des autres, de la collecte des connaissances, leur amélioration, leur perfectionnement et leur aboutissement. Autour du mathématicien Al Khawarizmi, les mathématiques prirent vie : il fut l'inventeur des mathématiques modernes selon la numérotation qui reste la nôtre aujourd'hui, de l'algèbre et du principe de logarithme (ce terme est la traduction latinisée de son nom). Il fonda également les bases de l'arithmétique moderne. Mesure-t-on l'importance de son apport à notre Histoire, à notre modernité ?

Le connaît-on seulement ?

La maison de la Sagesse et son atmosphère de tolérance et de collaboration vit une révolution du savoir se dérouler en son sein : médecine, astronomie, pharmacopée, mathématiques, optique, horticulture, urbanisme, architecture, et bien d'autres.

Le califat rassembla tout l'héritage du savoir antique disponible à son époque et entreprit de le faire traduire du grec vers l'arabe, du perse vers

1 Le calife est le titre du chef de l'état musulman de ces époques.

l'arabe, du latin vers l'arabe et de bien d'autres langues encore. Jamais cela n'avait été réalisé auparavant.

Ouvrant ensuite les portes de cette immense bibliothèque à tous les chercheurs du monde entier, il fit également de Baghdad le centre du monde à cette époque. Il avait créé des circonstances uniques et propices aux plus grandes découvertes qui ont traversé les siècles jusqu'à nous.

Ce modèle académique fut reproduit et reconduit tout autour de la méditerranée, dans toute la sphère du monde musulman de cette époque : en Syrie, en Égypte, Afrique du Nord, au Maghreb, en Andalousie. Il fit émerger le monde de l'Antiquité vers un héritage tout à fait neuf. Oubliée la parenthèse du Moyen-âge. Un monde nouveau naissait sur la rive sud de la mer du milieu.

De nombreux auteurs, et pas uniquement des orientalistes, font remonter les germes de la Renaissance européenne à l'éblouissement éprouvé à la rencontre du monde musulman et du raffinement de ses techniques, de ses arts et de ses modes de vie.

Le meilleur exemple est l'Andalousie espagnole, qui fut musulmane pendant des siècles, témoin de ce fameux « âge d'or » musulman, avant de connaître la plus honteuse purge connue sous le nom de « Reconquista » qui expulsa juifs et musulmans de la péninsule ibérique.

Les siècles qui ont suivi ont eu le bon goût de laisser intact l'immense héritage architectural andalou comme preuve de son passé harmonieux. L'Andalousie était réputée pour ses médecins, ses astronomes, ses poètes, ses penseurs. Elle fut le seul exemple de l'histoire où les communautés des trois religions monothéistes vivaient en symbiose : juifs, chrétiens et musulmans vivaient dans les mêmes quartiers, sans éprouver le besoin de se séparer les uns des autres. *Nul ghetto en Andalousie*.

Les échanges au cours des siècles ont permis à l'Europe de redécouvrir l'héritage antique et de découvrir les avancées scientifiques et technologiques réalisées par les musulmans.

L'obscur moyen-âge européen fut, en Orient, un âge des plus lumineux qui soient.

Un âge dont les fruits nous parviennent encore aujourd'hui, mais dont le voyage fut celui de l'oubli et de l'anonymat.

Certaines lectures heureuses vous permettront de corriger cet oubli et de mettre un nom sur toute cette partie de notre Histoire.

Citons en vrac, et de manière non exhaustive :

- *Visages de l'Islam*, de Haïdar Bammate
- *L'apport des musulmans à la civilisation humaine*, du Dr Ragheb Elsergany
- *Apports de la civilisation musulmane à l'occident*, d'Abou Al Hasan Ali Nadwi

Histoire de la Médecine Arabe – Les sciences en Orient, du Dr Lucien Leclerc[1]

En complément de ces lectures, vous pourrez aussi constater que le monde culturel et associatif semble s'ouvrir progressivement à cet univers. Comme peuvent en témoigner les initiatives récurrentes de l'Institut du Monde Arabe à Paris[2], ou encore l'aile du monde arabe au musée du Louvre[3], pour ne citer qu'elles.

Enfin, je citerai également les efforts de la chaîne culturelle ARTE qui a consacré plusieurs reportages sur l'apport musulman à la civilisation humaine[4] :

« L'âge d'or de l'Islam - Lorsque le monde parlait arabe », une série en 6 épisodes superbement documentés sur le sujet.

Ou bien « De l'Orient à l'Occident » une autre série de qualité, en 7 épisodes.

Ou encore quelques épisodes de la série « Le dessous des cartes », notamment sur le rayonnement culturel de l'Islam.

1 Initialement édité en 1876 et réédité en 1980 par les soins du ministère des affaires islamiques du Maroc. Il est disponible en e-book sur le web.

2 Voir http://www.imarabe.org/

3 Voir http://www.louvre.fr/departments/arts-de-lislam/

4 Disponibles en VOD sur arte.tv

Nous le voyons : la matière ne manque pas, en définitive, pour (re) découvrir cette part de l'héritage humain.

Et éventuellement la réintégrer à la place qui est la sienne dans notre histoire commune... [1]

❁❁❁

1 Et repenser le paradigme de la société « judéo-chrétienne » ? Qui sait ?

La maison du savoir

Le savoir. El 'ilm. Si la Maison de la Sagesse fut consacrée au savoir et à la connaissance, c'est bien parce qu'en Islam, ces concepts jouissent d'un statut tout à fait particulier et d'un mérite immense. C'est probablement ce qui a poussé les musulmans de ces époques dites « d'or » à se lancer à tout va dans les recherches et les études. La connaissance n'est pas un but en soi, elle visait à apporter de nouvelles avancées pour l'Humanité.

Le climat de ces époques était particulièrement favorable pour les érudits de tous bords à se consacrer au savoir. Des états forts et stables, des califes favorables à soutenir les érudits, quelles que soient leurs origines ou leur confession, des moyens consacrés à cet effet, un intérêt et un soutien à la propagation des avancées… Un véritable âge d'or à n'en point douter.

Une époque révolue à certains égards, mais dont les germes restent présents, en dormance, en attente d'un réveil, d'un éveil, d'une illumination.

Ce qui est frappant lorsqu'on se convertit à l'Islam, c'est cette attention portée au savoir et à la connaissance. Comparé à l'époque obscurantiste que la chrétienté a connue, à ses chasses aux sorcières et aux hérétiques, aux tribunaux de l'inquisition, au refus obstiné de la chose scientifique par le monde religieux chrétien, l'Islam offre une toute autre approche.

« La recherche du savoir est une obligation pour tout musulman » a enseigné le Messager de Dieu.[1]

Chacun selon ses possibilités doit se consacrer à l'étude et à la recherche du savoir. Il est par ailleurs évoqué par certains imams que chacun s'est vu attribuer une porte particulière dans ce domaine, c'est-à-dire une facilité dans un domaine particulier.

À chacun de la découvrir et de l'exploiter.

Moi qui suis enseignant, je rappelle régulièrement à mes élèves une autre tradition prophétique concernant les mérites de l'apprentissage :

1 Hadith hasan (fiable) rapporté par Ibn Mâjah.

« Celui qui prend un chemin pour l'apprentissage, Allah lui facilitera un chemin vers le Paradis. Les anges abaissent leurs ailes pour celui qui s'instruit, en signe d'agrément pour ce qu'il fait. Tout ce qui se trouve dans les cieux ou sur la terre, même les poissons dans les mers, demandent à Allah de le pardonner pour ses erreurs ou ses péchés. »

Hadith prophétique rapporté par Abû Dâwud

J'espère par cela éveiller en eux un intérêt pour la chose scolaire et les aider à trouver un sens à leur présence à l'école. C'est d'ailleurs un pari sur l'avenir : ces élèves d'aujourd'hui sont les citoyens de demain. Ils sont les fondations de la société future, une société où l'éducation et l'érudition seront à n'en point douter les clefs pour une élévation de l'Humanité.

Un autre enseignement de l'Islam révèle que le croyant se doit d'être soit un savant, soit un étudiant.

L'étudiant est celui qui prend une voie dans un apprentissage, dans un domaine spécifique. Le savant est, quant à lui, celui qui a excellé dans son domaine. Le Messager de Dieu a enseigné que leur mérite par rapport à celui de l'homme ordinaire est comme l'éclat de la pleine lune comparé à l'éclat des étoiles dans la voûte céleste. C'est-à-dire infiniment plus lumineux.[1]

Pour mes jeunes étudiants, je ne rêve que d'avenirs savants et lumineux.

Quel qu'en soit le domaine…

❁❁❁

1 Selon un hadith rapporté par al-Tirmidhî et authentifié par al-Albânî

Bref, l'Islam a changé le monde...

Nous avons vu à quel point nous méconnaissons l'apport de l'Islam à notre monde. En effet, très peu de gens peuvent imaginer que l'Islam nourrit un mérite très particulier pour le savoir et les sciences en général et que cela a poussé de nombreux savants musulmans vers de nouvelles découvertes.

Découvertes qui sont à l'origine de tout un pan de l'histoire des sciences et du savoir et dont les avancées trouvent leur écho dans notre civilisation contemporaine.

Il n'est qu'une civilisation et nous en faisons tous partie... Musulmans ou pas... C'est un peu le récit de cette civilisation commune qu'il nous faut redécouvrir et puis transmettre.

Retrouvons à présent une nouvelle fois notre Petit Anelka qui, dans son école, se prépare à accueillir un des événements les plus importants du calendrier musulman : la fête du mouton.[1]

Retour à plus de légèreté...

1 Ou plus précisément, la fête du sacrifice, comme nous le verrons incha Allah.

Le mouton du petit Anelka

Je suis tout petit, je suis tout bronzé mais au foot, je cartonne. Alors les copains m'ont appelé Anelka.

Même que je m'appelle pas Nicolas, ça fait rien.

❁❁❁

Barbuchon, c'est comme ça qu'on appelle notre prof de religion islamique. Les autres l'appellent Ben Laden, mais son vrai nom c'est Denis. Il est gentil, Barbuchon, même qu'il aime pas qu'on l'appelle comme ça.

Au cours, mercredi après-midi, il nous a expliqué que c'était bientôt la fête du mouton. Une drôle d'histoire...

Une histoire ancienne avec un monsieur qui doit tuer un autre monsieur... Puis il y a un mouton, et il tue le mouton à la place. Y en a, c'est des prophètes. Et le mouton, c'est Allah qui l'envoie pour sauver le monsieur. Quelque chose comme ça...

Barbuchon, il explique beaucoup mieux que moi. J'ai beau faire, j'arrive pas à retenir tout le scénario.

Pourtant, Barbuchon il fait des efforts, des dessins, des dessins animés même... Les grands, ils ont même fait une vidéo où c'est eux qui expliquent l'histoire. Eux, ils ont bien tout retenu.

Tout ce que je sais, c'est que pour se souvenir de cette histoire, on va tuer (sacrifier, qu'il préfère dire, Barbuchon) un mouton. Un beau, un gros.

On va faire des brochettes, on va partager avec les voisins. Et on va inviter mes copains pour manger des brochettes. Ça va être chouette (mais Maman elle veut que j'invite aussi Baptiste, le petit chouchou...).

Alors à la récré, j'en cause avec Malik.

Anelka : « Donc, c'est bon ? Samedi après-midi, barbec' chez moi pour la fête du mouton. T'es au courant ? »

Malik : « Ouais, ouais, t'inquiète, ma maman me l'a déjà dit. Je crois qu'elle vient aider ta maman aussi. »

Anelka : « Une fête de mamans… ça craint, ça. Tu crois que Baptiste va amener sa maman ? »

Malik : « Je ne sais pas. On verra. Y aura qui d'autre ? »

Anelka : « Ben, toi, Karima, Bol de riz, Gregory, Luigi… »

Malik : « Le rital, tu veux dire ? »

Anelka : « Oui, oui, le rital. »

Malik : « C'est lui qui veut qu'on l'appelle comme ça. Qui d'autre ? »

Anelka : « Mes voisins, les deux tunisiens. »

Malik : « Des tunisiens ? Les deux petits blonds ? »

Anelka : « Ah ah ! Oui, tunisiens ! Enfin, leur père est tunisien. Leur mère, c'est une convertie aussi. Une amie à ma maman.

Hé… regarde, voilà Luigi. Le rital, je veux dire. Viens, on va l'inviter. »

Alors, Malik et moi, on explique à Luigi qu'il y aura un barbec' chez moi samedi…

Luigi : « Un barbec' ? Samedi ? Impeccable ! »

Anelka : « Ouais, tu n'as qu'à filer l'enveloppe avec le carton d'invitation à tes parents. Tu crois que ça ira ? »

Luigi : « Oui, je crois. Enfin, j'espère. C'est pour ton anniversaire ? »

Anelka : « Non, je ne fais pas mon anniversaire, de toute façon. Non c'est pour la fête du mouton… »

Luigi nous regarde, un sourire moqueur sur son visage : « Le mouton ? Tu veux me dire que tu ne fêtes pas ton anniversaire… mais que tu fais une fête pour ton… mouton ? Ben dis donc… Ben dis donc… »

Alors il se met à rigoler comme une baleine, Malik et moi, on a les nerfs.

Anelka : « Mais non, eh patate, on va pas faire une fête pour mon mouton, on va… comment dire ? »

« Aaaaah ahahahaahaaaaa…. »

Il m'énerve ! Il m'énerve !

Karima qui sautait à la corde juste à côté lance sa corde au loin et elle se dirige en ligne droite vers le Rital :

« Dis donc, espèce de spaghetti, tu te foutrais pas de notre fête, par hasard ? »

Luigi : « Aaaah ah ah ! Si carrément ! Une fête pour un mouton, j'te dis pas... »

PAN !

Il n'en fallait pas plus pour se prendre une claque de la part de Karima. Le Rital, du coup, il ne rigole plus trop, là. Il essaie de lui jeter un coup de pied, Karima esquive en rigolant, et c'est Malik qui lui en jette un dans le derrière...

Et Barbuchon arrive en courant (c'est son jour de surveillance à la récré). Ça va barder parce que, de un, il nous connaît très bien, pas question de lui raconter des histoires ; et de deux, il punit toujours tous ceux qui se battent...

Barbuchon : « Malik ! dit-il, est-ce que je peux savoir pourquoi tu viens de frapper Luigi ? Et Karima ? Tu crois que je ne t'ai pas vue ? Vous n'avez pas honte de vous bagarrer comme ça ? »

« M'sieur, qu'il répond Malik, où vous voyez une bagarre ici ? Nous on rigole seulement... On joue souvent comme ça et... »

Barbuchon : « Hop hop ! Je sais faire la différence entre une bagarre et des jeux. Et si vous souhaitez jouer à vous frapper, je vous conseille de changer de jeu. Tout le monde au mur, sous le bureau de la directrice. Vous êtes au piquet jusqu'à ce que je vous libère... »

Je le sentais, il ne rigole pas, lui, le Barbuchon. Nous voilà sous les fenêtres de la directrice, coincés. Il sait ce qu'il fait, le Barbuchon. Si la directrice met les pieds dans le plat, on en sera quitte pour une autre punition. Il nous connaît bien, le Barbuchon.

En douce, à voix basse, je demande à Luigi :

« Alors, Spaghard, c'est bon pour samedi ? Tu viendras à mon barbec' ? »

Luigi : « Mais oui, t'inquiète, je ne voudrais pas rater l'annif de ton mouton. Hihihi… »

Grr ! Il m'énerve. S'il me cherche… il va me trouver.

Et Karima s'énerve aussi, à voix haute, très haute même :

« C'est pas l'annif' d'un mouton, ravioli ! C'est la fête du sacrifice. On sacrifie un mouton en souvenir du Prophète Abraham. »

Luigi : « Un mouton, un prophète… C'est quoi un prophète, déjà ? » Il est un peu perdu le Rital…

Karima : « C'est un messager de Dieu. Un homme que Dieu a choisi parmi les autres pour transmettre son message. » Elle explique bien, Karima. Elle a bien retenu l'histoire, elle.

Luigi : « Ok, et le mouton dans l'histoire ? Qu'est-ce qu'il vient faire dans votre fête ? »

Barbuchon, qui passait par là, les mains dans le dos, continue calmement :

« Abraham, ou Ibrahim en arabe, était un prophète très important, Luigi. Et Dieu l'estimait beaucoup. Il lui a demandé de lui sacrifier son fils, pour Lui prouver sa foi. Ce n'était qu'un test, mais ni Abraham ni son fils ne le savaient. Alors, résignés, ils se sont dirigés vers l'endroit pour le sacrifice, mais au moment du sacrifice, Allah a souhaité épargner Ismaël, le fils d'Abraham et remplacer son sacrifice par celui d'un mouton. »

« Et c'est qui Allah ? » demande Luigi, un peu perdu.

« Oh, c'est vrai, excuse-moi, répond Barbuchon. Allah ça veut dire Dieu, mais en arabe, la langue du Coran. »

« Mais oui, dit Karima, c'est toujours ce qu'on t'a déjà expliqué. »

« Ben non, pas vraiment » – répondit Luigi.

« Bon, bref, a repris Barbuchon, c'est en souvenir de cette histoire que les musulmans sacrifient un mouton chaque année, lors de la fête de l'aïd. »

Luigi : « Vous le faites vous-mêmes ? Le sacrifice, je veux dire... »

Barbuchon : « Non, pas forcément. Ici, nous allons à l'abattoir, qui organise tout ça. Ils s'occupent de tout et nous, nous récupérons la viande. Il y a des musulmans spécialisés qui s'occupent du sacrifice. »

« Mais m'sieur, qu'il dit Malik, la fête c'est jeudi. Pourquoi on n'a pas congé jeudi ? »

Barbuchon : « Ah ah ! Ça mon petit Malik, c'est une longue histoire. L'essentiel c'est que tu puisses faire la fête. Je crois savoir qu'Amine vous a tous invités pour samedi, non ? »

« Si ! Que je lui dis. Moi je voudrais bien que vous veniez aussi, m'sieur, s'il vous plaît. »

Barbuchon : « C'est gentil, Amine, mais j'habite un peu loin de chez toi, et puis, ce samedi, moi aussi je ferai la fête avec ma famille, mes amis. »

C'est bête, j'aurais bien aimé qu'il vienne au barbecue, Barbuchon. Monsieur Denis, je veux dire.

Tant pis, ce sera pour une prochaine fois...

Le Jeudi, c'est vrai que c'était la fête. Maman, elle travaillait, et moi j'ai dû aller à l'école. Papa, lui, il avait pris congé pour s'occuper de notre mouton. Pour lui faire sa fête, à celui-là.

À l'école, Malik et Karima n'étaient pas là. J'étais seul en classe, sans Malik. Je ne pensais qu'à une seule chose : lorsque l'école serait finie, ce serait le temps des cadeaux et des surprises.

À chaque fois que la fête tombe un jour d'école, maman s'arrange toujours pour nous organiser une surprise.

Je sais que quand j'arriverai, la maison sera toute décorée. La grande table sera dressée et remplie de cadeaux et de sucreries. Plein de bonbons, plein de chocolats et de biscuits. Des biscuits marocains, que maman a faits avec Tata Fatna, ma grand-mère.

Ce sera la fête.

On mettra de tous nouveaux vêtements.

On attendra que papa revienne avec la viande du sacrifice.

On fera des brochettes de foie. J'aime pas trop ça, mais maman cuira aussi des burgers de kefta. Au barbecue, déjà.

Les cousins viendront, eux qui habitent l'appartement, ils viendront jouer avec moi dans le jardin.

On jouera à la pinata, celle qu'on a fabriquée spécialement avec maman.

On s'échangera des cadeaux.

On boira du thé.

On rigolera jusqu'à ce que la nuit soit noire.

Puis papa et 'ami Hassan, mon oncle, iront à la mosquée avec une partie de la viande, pour en offrir à des musulmans qui n'ont pas pu se permettre un sacrifice.

Ce sera génial. Et puis samedi, les copains viendront. Même Baptiste, le petit chouchou, et ce jour-là, je veux bien jouer avec lui parce que, finalement, il est pas si terrible que ça. Et puis c'est la fête, tout de même.

Et puis...

« Amine ! Je peux savoir à quoi tu rêvasses ? Tu es bien dissipé aujourd'hui. »

« Euh... oui madame... enfin, je veux dire non... »

Ça c'est madame Agnès qui me tire de mes pensées. La fête c'est pas pour tout de suite, on dirait.

Pour le moment, il paraît que la géométrie nous attend avec ces triangles et ces carrés.

Vivement ce soir, tout de même. Et Malik qui n'est pas là... Misère... ça va être long aujourd'hui...

Le sacrifice d'Abraham

« Ibrahim dit : «Ô mon fils, je me vois en songe en train de t'immoler. Vois donc ce que tu en penses". Ismaël dit : "Ô mon cher père, fais ce qui t'es commandé : tu me trouveras, s'il plaît à Allah, du nombre des endurants".

Puis quand tous deux se furent soumis (à l'ordre d'Allah) et qu'il l'eut jeté sur le front,

Voilà que Nous l'appelâmes "Abraham ! Tu as confirmé la vision. C'est ainsi que Nous récompensons les bienfaisants".

C'était là certes, une épreuve manifeste.

Et Nous lui demandâmes une immolation généreuse.

Et Nous perpétuâmes son renom dans la postérité :

"Paix sur Abraham".

Le Coran, sourate Saffat (Les rangées), versets 102 à 109

❀❀❀

Bref, c'est la fête...

Nous avons vu comment les enfants, dans leur insouciance, vivent d'une manière un peu spéciale, un peu décalée cette fête du sacrifice.

Faire la fête alors que la majorité des gens ne fêtent rien de spécial ce jour-là est assez particulier. Pas évident non plus de l'expliquer aux autres...

J'imagine que les chrétiens d'Orient doivent vivre la même chose lors de leurs fêtes, alors que la majorité autour d'eux ne fête rien ce jour-là.

Chez nous, certains font le choix de sécher l'école. D'autres comme Claire et son petit Anelka ont imaginé d'autres manières de célébrer l'importance de leur fête. Chacun sa manière après tout. A chacun de trouver sa voie.

En France, je crois savoir que la loi permet à chacun de gérer deux jours de congé par an en fonction de ses propres fêtes. C'est une option qui fut un temps à l'étude en Belgique, mais qui n'a pas abouti. Pour le moment, en tout cas.

Certains hurlèrent que ce genre « d'accommodements raisonnables » est une « honte », une « insulte à notre identité chrétienne », etc. etc.

Dans notre monde post-industriel et post-moderne, les questions d'identité sont très bousculées. Les migrations ont mélangé toutes les traditions... Certains ne s'en sont pas rendu compte. Il se peut aussi qu'ils fassent semblant...

Mais nous aurons l'occasion d'y revenir incha Allah...

Islamité post-moderne

Selon une certaine approche, le monde moderne[1] est celui qui a « viré » les religions.

D'une manière plus académique, on peut dire qu'il est le monde qui avait tenté d'abolir l'influence des traditions, principalement religieuses, de la sphère publique.

La modernité était alors vue comme l'âge d'or de la raison humaine qui régnerait en maître sur les enjeux humains.

On a vu ainsi certains se débarrasser avec joie et empressement de leur tradition et de leur cadre d'origine en jetant au loin livres saints et héritages religieux.

Ils crièrent alors, au nom de la Raison, que Dieu était mort et enterré et que toutes ces superstitieuses traditions n'avaient plus leur place dans notre monde moderne et rationnel.

« Vive la Raison ! Au diable les traditions ! »[2]

Mais, à ces slogans trop vite sanctifiés par le monde « moderne », d'autres ont souhaité rappeler que leur foi restait légitime et que leur héritage faisait partie d'eux-mêmes.

En réintégrant cet héritage dans la discussion, ils fondèrent le monde « post-moderne », soit le monde qui se voit contraint par sa base de gérer ses enjeux modernes en tenant compte des traditions.

L'Islam est une de ces traditions. C'est aussi simple que cela. Mais certains ne s'en sont pas rendu compte. Il se peut aussi qu'ils fassent semblant.

1 Nous disons bien « moderne », ce qui est différent de « contemporain »

2 Notons que si Dieu est souvent aboli des esprits « modernes » le diable, quant à lui, est souvent invoqué en star de la modernité. Ps : ne pas prendre cette note trop au sérieux.

Bref, le monde est un village...

Enfin, c'est ce qu'on dit... Mais s'il est un village, le monde possède certains quartiers assez mal barrés. Il en est dont on ne s'évade pas. Certains quartiers se sont fait braquer par les habitants d'autres quartiers, transformant ces derniers en Eldorados de la modernité, bien injustes, certes, et sans morale. Ces Eldorados ont ensuite fructifié leurs larcins et en ont fait des bas de laine qu'ils se refilent en héritage de génération en génération, soldés de tout remord.

L'oubli et la morale à double-vitesse de la modernité ont en effet émancipé les héritiers des scrupules du confort.

Pour toutes sortes de raisons[1], les migrations humaines ont mélangé les quartiers et leurs habitants ainsi mis côte à côte ont fait de la planète un maelström de cultures et de traditions.

Les conversions, les confessions, la world-culture, la curiosité, la nouveauté, les réseaux, l'informatique, Hollywood, les multinationales... font de nous tous des citoyens du monde cosmopolite et polymorphe.

Certains ne s'en sont pas rendu compte. Il se peut aussi qu'ils fassent semblant.

Certains autres souhaiteraient que nous soyons tous des californiens.

Certains autres encore souhaiteraient que nous soyons tous des clones déracinés, abreuvés d'une culture hors-sol insipide.

Beaucoup, enfin, souhaiteraient tout simplement pouvoir avoir le choix.

Certains ne s'en sont pas rendu compte. Il se peut aussi qu'ils fassent semblant.

❀❀❀

1 Que nous laisserons aux spécialistes de la question...

Les tribus futures

Un beau mois de juin. Soleil rayonnant. Une brise légère est agréablement la bienvenue. Nous sommes trois, assis au soleil qui nous sèche, au bord de l'eau d'un petit lac artificiel, une ancienne carrière de pierre bleue envahie par l'eau et la végétation.

Le premier est musulman « d'origine ». Les deux autres sont des convertis. Tous trois sont célibataires, mais d'ici quelques années, ils seront chacun à la tête d'une petite famille, une petite tribu…

« Bientôt l'aïd… » dit l'un d'eux, Mustafa.

« Oui. On a acheté des moutons chez un fermier, on les a installés sur une pâture derrière chez moi. » dit Denis.

Mustafa : « Qui ça ? « On » ? »

Denis : « Ben… Luigi[1] et moi. Pourquoi ? »

Mustafa : « Ah… vous allez les vendre pour la fête ? »

Luigi : « Non, non, ils sont pour nous. »

Denis : « Oui, on les sacrifiera ensemble ce jour-là, incha Allah »

Mustafa : « Bah, moi, c'est mon père qui s'occupe de tout ça. Je suis allé chercher l'autorisation d'abattage à la commune, j'ai rempli la déclaration : cinq sacrifices, c'est pas rien. »

Luigi : « Cinq !!! Ah oui, en effet. »

Mustafa : « Oui, mais on est toute une tribu. Mon père, mes frères, mon oncle, mes beaux-frères… C'est une belle journée… »

Denis : « Oui… j'imagine. Tu sais, moi l'année dernière, après la prière de l'aïd, je suis rentré seul chez moi. Je ne savais pas quoi faire… »

Luigi : « Oh, pourquoi tu n'as rien dit ? Ibrahim B. a invité tous les convertis chez lui. C'était génial »

Denis : « Ah bon ? Je ne savais pas… »

1 Oui, c'est bien le Luigi de la partie 3, « Luigi et la Mama »

Luigi : « Oui, on est allé chez lui, on était beaucoup. Il y avait Bilal, Ibrahim, Grégoire, Alex... »

Denis : « Ow... j'ai dû rater quelque chose, je crois. »

Luigi : « Ah oui, ça tu peux le dire. C'était vraiment une chouette ambiance. »

Mustafa : « Soubhanallah[1], je vous écoute et je me dis que ça ne doit pas être facile de fêter l'aïd alors que votre famille ne le fête pas... »

Denis : « C'est clair. Pas évident. »

Luigi : « Tu sais, quand j'étais petit, les fêtes religieuses, c'était magique. Tout le monde était présent. Tu sais, à Noël, ou Pâques. »

Denis : « Oui, oui... pareil. À Noël, on montait le sapin, on y faisait des décorations, toute la maison était décorée... »

Luigi : « On se faisait des cadeaux... lors de grands soupers de famille. Avec des plats spéciaux qu'on ne mange qu'à cette période... »

Denis : « Et à Pâques, je te raconte pas les chasses aux œufs en chocolat dans le jardin... C'est des souvenirs tout ça... »

Mustafa : « Oui, mais les gars, ce sont des trucs dépassés maintenant, non ? Me dites pas qu'en tant que musulmans, vous fêtez Noël... »

Luigi : « Ben si pourquoi ? Ahahahaaa.... »

Denis : « T'as pas vu mon sapin l'année dernière ? Je suis allé le couper dans la forêt... »

Mustafa : « Sans déconner ? »

Denis : « Mais non, patate, on te fait marcher. On raconte ça parce qu'on se souvient des ambiances de fêtes familiales, c'est tout. Aujourd'hui, pour nous l'aïd, c'est un peu une ambiance d'enterrement... »

1 Littéralement : « Gloire à Dieu ». C'est une invocation qui exprime, en cas d'étonnement pour quelque chose, que c'était pourtant chose possible à Dieu et donc : Gloire à Lui !

Luigi : « Bah, exagère pas… Entre nous, on se serre les coudes tout de même… Attends cette année, on va se faire un des méchouis sur le terrain. On va inviter tout le monde. Tu verras, ça sera super… »

Denis : « Mmh… c'est vrai. J'adore quand on est tous ensemble. C'est rare, c'est génial. »

Luigi : « Sauf Ibrahim, il vient de se marier, ça m'étonnerait qu'il vienne. Il aura d'autres choses à faire que de traîner entre célibataires… »

Denis : « Je me demande bien comment il va faire pour développer sa propre ambiance de fête, une fois marié. Comment nous, nous allons faire ça, plus tard. »

Mustafa : « C'est clair, les mecs, il faut vous inventer votre manière de faire… Faut que vos futurs gosses ressentent bien que c'est une fête. Histoire qu'ils s'y sentent attachés… Exactement comme vous avec vos histoires de noëls familiaux… »

Luigi : « Oui, t'as raison… »

Mustafa : « Bon allez, c'est l'heure du sacrifice… Amène la pastèque. On va se la déchirer. »

Denis : « On laisse ces histoires du futur pour les temps futurs… Aujourd'hui, on a bien assez à faire avec c'te pastèque, crois-moi… »

Le soleil commençait à décliner, l'après-midi était encore longue. La soirée serait délicieuse.

Les temps futurs étaient encore loin… et la pastèque s'offrait à eux.

❁❁❁

L'islamisation culinaire

C'est qu'une bonne pastèque fraîche est un vrai délice en été. C'est quelque chose qui dépasse toutes les frontières, toutes les origines, toutes les religions : tout le monde adore la pastèque.

Peut-être la pastèque est-elle l'ambassadeur de l'universalité ?[1]

Sans aller jusque-là, on peut néanmoins reconnaître qu'elle est universellement appréciée. Ce n'est déjà pas si mal.

Un jour, bien des années plus tard, un de nos trois compères des bords du lac, Barbuchon, devenu enseignant[2], participait à une journée porte-ouverte dans une école.

Alors qu'il se proposait de tenir un stand de nourriture, on lui prêta l'intention de servir du thé à la menthe. Le thé à la menthe est, lui aussi, universellement apprécié. Mais Barbuchon, plutôt amateur de café, ne savait préparer le thé que tous semblaient attendre de la part d'un converti à l'islam.

X : « Tu ne sais pas faire du thé à la menthe ? On ne t'a pas appris ? »

Barbuchon : « Ben non, euh… et déjà, qui aurait dû me l'apprendre ? »

X : « Ben, tes camarades, va ! T'es pas devenu musulman ? »

Barbuchon : « Si, bien sûr, mais quel rapport avec le thé à la menthe ? Je suis devenu musulman, c'est une religion, c'est pas une vocation culinaire. »

X : « Ah bon, tu bois pas de thé, alors ? »

Barbuchon : « Euh… si… ça m'arrive, mais bon, comment dire ? Moi je suis plutôt amateur de café, tu vois ? »

X : « Aaah, ça ! Un bon café turc… je te comprends… »

Barbuchon : « Tu m'énerves, t'es au courant ? »

X : « Pourquoi ? »

1 Sait-on jamais ?

2 Notamment, Barbuchon/Denis est le professeur du Petit Anelka…

Le pire, pour Barbuchon, c'est que le collègue ne le faisait pas exprès. Cette personne parlait sincèrement.

Que faire dans ces cas-là ? On ne va tout de même pas s'énerver… Barbuchon avait quant à lui choisi la voie de la pédagogie. De l'explication.

C'est une voie qui fonctionne. Parfois. Pas toujours, mais parfois.

❁❁❁

Barbuchon : « J'adore ma femme, tu sais. Et j'adore sa cuisine. Mais, crois-moi ou pas, je ne mange pas de couscous tous les jours. »

X : « Ben non, on n'est pas habitué, nous… »

Barbuchon : « Non, et puis, en fait les musulmans ne mangent pas de couscous tous les jours non plus… Je disais ça juste pour rire, en fait… »

X : « Ah bon ? Mais … Vous mangez bien avec vos mains, tout de même… j'ai un ami marocain et il mange tout le temps avec ses mains. »

Barbuchon : « Pourquoi ? Toi, tu manges avec tes pieds ? »

X : « Ben non, mais… je veux dire, il mange avec ses doigts, quoi… »

Barbuchon : « Ouais, ça va, j'avais compris, je te faisais marcher. Ça dépend des gens. Je suis certain que, même toi, tu manges avec tes doigts de temps à autre. Genre les pizzas, les frites… des trucs comme ça… Il y a des trucs qu'on adore tous manger avec nos doigts, non ? »

X : « Ben si… mais lui, il mange des plats *en sauce* directement avec les doigts. »

(Ah ! Je vous jure qu'un bon tajine… on s'en lèche les doigts de plaisir. Je poursuis sur cette voie.)

Barbuchon : « Je suis certain que non, pas directement. Il mange certainement avec ses doigts, mais avec du pain. Le pain, c'est l'aliment de base marocain. S'il n'y a pas de pain, il n'y a pas de repas. Comme chez nous, pour la patate, la pomme de terre. »

X : « La pomme de terre ? »

Barbuchon : « Ben oui, fais un peu attention, tu manges certainement 90% de tes plats accompagnés de pommes de terre... C'est carrément l'aliment de base chez nous. J'ai des amis que ça fait rigoler. Pour eux, la patate c'est un légume comme un autre. Un jour oui, un jour non. Mais pour moi, dans ma famille par exemple, c'est patate tous les jours... D'ailleurs, tu sais que j'ai été scout, lorsqu'on élaborait les menus pour les camps d'été, c'était patate 5 jours semaine. Menu avalisé par l'office de l'enfance... »

X : « Bon, bref, on va pas parler de la patate pendant 5 pages, non ? Tu vas peut-être me dire que les musulmans mangent aussi des spaghettis, peut-être ? Y a du porc, dans les spaghards, si tu es au courant... »

Barbuchon : « Eh bien, on prépare juste les pâtes avec de la viande halal, c'est tout. Et on les mange avec des couverts, tu sais... »

X : « Ahahah je sais, je te faisais marcher à mon tour... »

Barbuchon : « Très drôle... Ah ah...»

❁❁❁

Ambiance plutôt détendue entre Barbuchon et le collègue, pour le coup. Ce n'est pas toujours le cas.

Certains voient, par exemple, dans le marché de la viande halal une invasion barbare des plus immondes. Une manière de forcer les gens à manger halal. Voire une déstabilisation économique du secteur boucher traditionnel.

C'est sérieux, un ami m'a tenu un tel propos :

« Toutes les boucheries du coin ont fermé leurs portes, faillite générale. Par contre, les boucheries musulmanes fleurissent un peu partout. »

Vous m'en direz tant...

Moi :« Tu n'exagères pas un peu, là ? Des boucheries halal, y en a deux dans le coin. Et le quartier est majoritairement peuplé de musulmans. Sans compter que le client lambda, celui qui veut sa saucisse de cochon, il ne risque pas de la trouver chez le boucher marocain. Donc, il se tourne d'office sur le marché non halal. C'est pas les bouchers halal qui leur piquent la clientèle, à mon avis.

Peut-être que les grandes surfaces, avec leurs rayons boucherie hard-discount sous plastique, elles, sont en train de tuer le marché dont tu parles. »

L'ami : « Mmmmouais... Peut-être que tu as raison. »

Allez, allez... Il faut toujours bien un bouc-émissaire (ou une tête de turc, comme on dit) mais faut pas pousser, tout de même.

❁❁❁

Charleroi

C'est ainsi, une région est tout simplement le reflet de ceux qui l'habitent. Ma région, ma ville ont une histoire particulière, faite de migrations successives. Et son image est donc forcément particulière également.

Je suis né dans la plus grande ville wallonne, près de 200 000 habitants battent le pavé de cette ancienne cité industrielle qui a fait, pour une bonne part, la richesse de la Belgique, au temps de la « splendeur » industrielle des 19ème et 20ème siècles.

C'est une région qui a pris le nom de « Pays Noir ».

Noir de ses fumées d'usines. Noir de ses terrils. Noir de son charbon qu'on lavait dans les rivières.

La mine, le charbon, le verre et l'acier ont dévoré des générations entières de travailleurs. Tout d'abord des locaux, puis des émigrés venus de plus en plus loin.

Flamands, au début. Puis italiens, par la suite (et les italiens mangent du porc, du moins tant qu'ils ne se convertissent pas à l'islam). Puis finalement, turcs et marocains.

Ces derniers arrivés de l'âge industriel ont participé à la « bataille du charbon » que l'on mena après-guerre dans la lutte pour la reconstruction du pays. Ils apportèrent avec eux us et coutumes, familles, enfants, religion ET habitudes culinaires.

(Ne feriez-vous pas pareil si vous deviez, pour des raisons quelconques, vous installer loin de votre terre d'origine ?)

La Belgique avait négocié avec la Turquie et le Maroc des accords bilatéraux identiques que précédemment avec, entre autres, l'Italie. Et ces accords prévoyaient toutes les conditions pour un enracinement durable des migrants.

Je ne l'invente pas, c'est une réalité historique.

Les accords pour la venue de tous les travailleurs émigrés en Belgique (Musulmans ou non) prévoyaient le regroupement des familles sur le sol belge, mais également de développer des parcelles adaptées dans les cimetières, d'acquérir la nationalité belge, d'organiser en coopération consulaire des cours de « langue et culture d'origine » ainsi que bien d'autres conditions encore, qui ont favorisé l'implantation durable en Belgique pour ces travailleurs venus de l'étranger.

Si d'aventure, un lecteur s'étrangle en lisant ces lignes (ce que je ne lui souhaite pas, évidemment), je ne peux que m'excuser de cette strangulation à distance et rappeler que je ne fais ici que citer le contenu des accords bilatéraux noués entre la Belgique et l'Italie, la Belgique et le Maroc, la Belgique et la Turquie...

Entre autres... Bien d'autres pays sont concernés. Mais ces trois pays ont eu, dans ma région au moins, une large influence sur la réalité sociologique.

Ainsi la Belgique de l'après-guerre est devenue celle que l'on connaît aujourd'hui. Avec ses églises. Et ses mosquées. Ses bouchers aux étals porcins. Et ses bouchers aux étals halal.

Sa restauration non halal et sa restauration halal.

Ses cantines d'école pas halal et... et c'est tout. [1]

Faut de tout pour faire un monde.

❀❀❀

1 Certains l'ont apparemment juré : pas de cantine halal dans « nos » écoles...

Ramadan Carbonara

Un soir de fin de ramadan, j'ai coupé le jeûne avec des amis, à la mosquée que je fréquente. Nous avons mangé un plat de pâtes carbonara aux lardons de poulet fumés, suivi d'un tiramisu sans liqueur.

C'est un ami qui invitait. Son épouse, marocaine, s'est faite sienne la cuisine de sa belle-mère italienne.

En plus, il parait que la belle-mère apprécie.

La cuisine de Mamy

Dans ma famille, mon épouse s'est totalement approprié la cuisine de ma grand-mère.[1] Nous fréquentons beaucoup ma grand-mère, aussi la complicité féminine a fait en sorte que le poulet au citron marocain ou le couscous d'un jour rencontre le lendemain le terroir wallon dont ma grand-mère est grande spécialiste.

Depuis quelques temps, à la suite d'une invalidité, elle ne cuisine plus, mais il nous arrive régulièrement de partager un repas avec elle, préparé par mon épouse.

J'ai cru comprendre que l'élève, mon épouse, a dépassé le maître, ma grand-mère.

Et en bon gourmand, je confirme. Les plats wallons ont même traversé la méditerranée et ils furent unanimement appréciés par ma belle-famille du « bled ». Les accords bilatéraux avaient-ils prévu ces échanges culinaires ?

Quant à mon grand-père, qui n'est plus de ce monde malheureusement, il avait découvert à plus de 70 ans qu'il adorait la soupe marocaine. La fameuse « harira ».

Faut de tout pour faire un monde.

❀❀❀

À mon sens, l'islamisation culinaire, celle qui nourrit les discours extrêmes, est un fantasme. Rien de moins.

1 Je précise, justice oblige, que mon épouse fait bien d'autres choses que cuisiner : elle qui est universitaire, qui fut commerçante, enseignante, formatrice, épouse et maman, elle s'apprête désormais à devenir entrepreneure. Une espèce de « super-héros » mais voilée…

L'Islamisation culinaire, la vraie, serait peut-être celle-ci : « Mangez et buvez; mais ne commettez pas d'excès, car Il [Allah] n'aime pas ceux qui commettent des excès... » Le Coran, sourate Al Araf[1], verset 31

Et ailleurs :

« Ne gaspillez point car Il n'aime pas les gaspilleurs. »

Le Coran, sourate el Anam (les bestiaux), verset 141

Voilà ce vers quoi se dirige un converti. Qu'il mange avec ses doigts ou des couverts est laissé à sa libre appréciation. Couscous ou spaghetti, tous les goûts sont dans la nature. Mais qu'il n'exagère en rien... et qu'il ne gaspille pas.

Enfin, par sa foi, le converti se dirigera aussi à respecter les principes de la nourriture halal. Qui exclut le porc, c'est vrai.

Mais qui est, en vérité, également un critère éthique très élevé qui n'est pas du tout reconnu. Si l'abattage rituel fait l'objet de débat auprès de l'opinion publique, fortement influencée par les défenseurs de la cause animale, sa réalité reste très peu connue. Je suis pour ma part totalement convaincu (pour l'avoir constaté personnellement des dizaines de fois[2]) que l'abattage rituel est, de loin, la plus respectueuse de la condition animale.

Et je dis bien *:* de loin la plus respectueuse de la condition animale.

Cependant, je ne peux pas nier que les conditions actuelles dans lesquelles il se déroule sont parfois, voire souvent, révoltantes. Elles sont tout simplement celles de tous les abattoirs, halal ou non.

Des conditions qui font d'être vivants de simples *objets* de consommation que l'on traite sans le moindre égard. Révoltant, quoi...

1 Al Araf est un endroit situé entre le paradis et l'enfer. Ce terme n'a pas d'équivalent en français.

2 J'ai, à mes heures perdues, tenu un élevage de volailles et moutons en compagnie d'un ami. Je suis l'horrible scarificateur de centaines de vies animales. Vous découvrirez dans quelques lignes l'éthique qui fut la mienne, qui fut la nôtre lors de nos abattages...

Sur ce point, je suis tout à fait partisan d'une réforme générale du secteur. Halal ou non. Tout à fait partisan de la réintroduction d'une éthique du vivant dans ces immondes usines à viande qui déshonorent plus qu'elles n'élèvent.

❀❀❀

Abattage rituel

En Islam, il est demandé de soigner le bétail en vue de l'abattage. Et de soigner la lame qui y servira. Il est demandé que l'animal ne voie pas d'autres animaux en cours d'abattage ou d'équarrissage. Qu'il ne voie ni le sang par terre ni la lame qui l'immolera.

Il est demandé de coucher l'animal sur le flanc sans l'entraver ni l'assommer et de procéder à l'abattage après avoir rappelé qu'il est en fait une offrande qui nous vient de Dieu et que c'est en Son nom que l'on s'apprête à le sacrifier.

« Au nom de Dieu, ceci vient de Toi, et ceci est pour Toi. Seigneur, accepte ce sacrifice de ma part... »[1]

Voilà ce que devrait prononcer la personne qui s'apprête à sacrifier un animal. Tout animal abattu selon le rite halal est avant tout une offrande.

On en reparlera lors des prochains spots « Gaia »... qui ne risquent pas de vous évoquer ces aspects de la chose.

C'est vrai : le converti mangera probablement de la nourriture halal. Une nourriture dont la viande est « censée » être sacrifiée selon le rite décrit. Manger halal fait partie de l'islam. Il ne saurait en être autrement.

De mon point de vue, il s'agit d'une démarche plus qu'honorable. Une démarche qui replace l'animal sacrifié à son rang de créature qui doit être respectée devant le Créateur.

Une démarche qui demande un savoir et un savoir-faire pour être correctement réalisée.

Voilà ce que j'ai trouvé en Islam et que j'ai agréé en mon for intérieur.

❀❀❀

1 Tel que cité dans le recueil « La citadelle du musulman »

Bref, y a pas que le couscous…

Eh non, et pourtant un des « stigmates » que porte et portera encore certainement le converti, c'est bien celui de l'islamisation culinaire.

On ne va pas en faire un plat, mais ça méritait bien ces quelques pages.

Enfin, c'est ce que je crois…

Non, non, mesdames, messieurs, le converti ne mange pas que du couscous ou des tajines. Non, mesdames, messieurs, le converti ne reniera pas la cuisine de maman d'ici peu.

Certaines choses changeront, mais au final, ce n'est pas énorme. Viande halal, plus de porc, plus d'alcool… l'honneur de la famille devrait y survivre…

Normalement…

Dirigeons-nous tout doucement vers la conclusion de cet ouvrage en ouvrant un ultime chapitre, qui aura pour acteur un certain K., étudiant islamique/musulman qui partagera avec nous son expérience.

Le Pèlerinage de K.

« Deux paroles sont extrêmement légères sur la langue, mais extrêmement lourdes dans la balance de nos actes… Il s'agit de « soubhanaLlahi wa bihamdihi » et « SoubhanaLlahi el 'Adhim »…

Hadith prophétique authentique rapporté par al-Bukhârî

❁❁❁

K : « J'étais au pèlerinage, la première fois. J'étais parti avec H. On avait terminé les rituels ce jour-là, quelques jours avant le début du hajj[1] à proprement parler.

On se reposait à l'ombre, près de certaines colonnes. On buvait de l'eau de zamzam[2]… Merveilleusement fraîche. On avait peu dormi, aussi une légère fatigue nous touchait. On était comme dans de l'ouate. Sur un nuage… On souriait bêtement, juste heureux d'être là…

Ce jour-là, H. s'était rapproché de la pierre noire[3] jusqu'à la toucher. Il n'avait pas pu résister à la tentation de l'embrasser. Si près… c'était facile.

Sauf que 100 mains souhaitaient la toucher en même temps. Il s'est retrouvé coincé, le visage posé sur la pierre noire, sans pouvoir la retirer. Un baiser prolongé, avant de parvenir à se dégager.

Nous en parlions, en rigolant.

On était bien. Merveilleusement bien. Je lui ai dit :

« Tu sais… on est tellement bien qu'on voudrait ne plus bouger du tout. Rester ainsi jusqu'à la mort. Jusqu'au Jour Dernier… »

---

1 Pèlerinage, en langue arabe.

2 Zamzam est le nom d'un puits situé dans l'enceinte de la mosquée de la Mecque. Les pèlerins boivent de cette eau lors des rites du pèlerinage.

3 La pierre noire est une pierre située sur un des coins de la Kaaba. Il est méritoire lors du pèlerinage de la toucher ou plus simplement la saluer, à l'image de ce que faisait le Prophète de l'Islam.

« C'est vrai - qu'il me dit - on ne manque de rien. On est à l'ombre, on boit cette eau... bien fraîche. Que demander d'autre ? »

Je répondis : « C'est vrai... c'est vrai... c'est à peine si je ressens un peu la faim... »

A ce moment, surgit de derrière nous un frère totalement habillé en blanc, son abaya[1] brillait presque et il portait un keffieh blanc, posé à la saoudienne sur la tête.

Il portait de hauts gobelets en plastique, emplis de dattes qui trempaient dans de l'eau fraîche...

Il nous les a tendus en disant : « zamzam... zamzam... Bismillah ikhwani... »[2]

Ooooooh on a pris ces gobelets lentement, à deux mains. Comme si on nous offrait de l'or, ou des pierreries...

Elles étaient délicieuses. Un moment magique... Un souvenir inoubliable. »

L.F. Camil : « Soubhanallah... la réponse de Ar Razzaq...[3] »

K. : « Eh oui... Soubhanallah... »

L.F. Camil : « ... wa bihamdihi... C'est lors de ce pèlerinage-là que tu as rencontré cheikh Abdullah ? Lors du premier, c'est ça ? »

K. : « Oui. Nous étions invités chez un ami saoudien dont nous avions fait la connaissance à Mina[4]. Il était tellement emballé de nous rencontrer, de parler avec nous, tu sais, un peu d'anglais, un peu d'arabe. C'était spécial...

Il nous a invités chez lui, dans un appartement avec un salon immense, à la Mecque. Il avait réuni près de 50 convives parmi ses amis et connaissances. Et Cheikh était parmi eux.

---

1 Long habit traditionnel

2 Littéralement « Au nom de Dieu, mes frères ». Il s'agit en fait d'une invitation à accepter cette nourriture, car le musulman prononce toujours « Bismillah » avant de manger.

3 Un des noms de Dieu. Sera expliqué dans quelques lignes.

4 Une étape du pèlerinage

Il nous a présentés à lui. Je n'ai jamais vu ça, tu sais, cheikh Abdullah, c'est un grand imam là-bas, il est très respecté. C'est un personnage. Mais lorsqu'il nous a rencontrés, qu'il nous a vus, deux convertis posés, comme ça, sur les coussins du salon, soubhanaLlahi el 'Adhim, il s'est levé presqu'en bondissant, il nous a serré les mains longtemps, en les secouant, il riait. Il s'inclinait.

Pour un peu, j'aurais cru qu'il allait nous baiser les pieds.

Je ne savais pas encore qui il était, mais on sentait que c'était quelqu'un de connu, d'important et de respecté. J'étais gêné par tant de sollicitude.

H. également. Gênés, mais heureux. On sentait que notre conversion lui faisait chaud au cœur. On sentait la valeur. Plus que jamais... »

L.F. Camil : « C'est ce jour-là qu'il t'a proposé d'entrer à l'université ? »

K. : « Non, pas ce soir-là... quelques jours plus tard. On l'a revu, il nous a proposé à nous deux, H. et moi, de venir étudier en Arabie Saoudite. Tous frais offerts via une bourse. [1]

Au début j'hésitais... C'était assez inattendu, c'est une fameuse marque de confiance en fait. H., quant à lui, a répondu qu'avec sa famille, ses enfants, il ne pourrait pas. Il travaillait pour subvenir aux besoins de sa famille.

Cheikh lui a dit que c'était aussi une œuvre d'un grand mérite. Il l'a entretenu pendant au moins vingt minutes sur son mérite, et l'éducation de ses enfants, tout ça...

Moi, j'ai répondu que j'étais intéressé, mais qu'il me fallait du temps pour réfléchir. Il m'a assuré qu'il n'y avait aucun problème. Lorsque je serais prêt, je n'aurais qu'à venir en 'Omra[2] et il ferait le nécessaire.

Et c'est ce que j'ai fait... »

---

1 Conscients des mérites qui y sont liés, des donateurs financent par des bourses les études islamiques de nombreux convertis de par le monde. Et alimentent le spectre du financement de « l'islam saoudien wahhabite »... On ne peut pas plaire à tout le monde.

2 Visite à la Kaaba hors de la période spécifique du pèlerinage.

L.F.Camil : « Soubhanallah… T'étais parti pour 10 ans… C'est dingue, hein ? »

K. : « En fait, neuf ans et neuf mois… Deux ans de préparatoire, puis la licence. Puis deux ans au centre, avec Cheikh Moustafa, en freelance… Tu sais, si je suis rentré, c'est pour mon gosse qui allait naître… Il me fallait penser à réellement fonder un foyer… »

L.F.Camil : « Eh oui… le difficile retour du concret… »

K. : « Ah ça ! À qui le dis-tu ? Au début, je n'y pensais même pas, mais plus le temps passait, plus je me rendais compte que ce serait difficile… »

L.F.Camil : « C'est que ce genre de diplôme et de parcours n'est pas tellement demandé sur le marché du travail… »

K. : « Non, ça c'est certain. Et puis, tu as vécu comme un étudiant pendant 10 ans, entouré des personnes les plus honorables de la planète. Tu fais la ‘omra trois fois par an. Tu pries derrière les meilleurs lecteurs. Tu côtoies les plus grands…

Quand tu rentres et que tu te plonges les mains dans les vaisselles d'un snack pour gagner ta vie, tu te poses des questions… »

L.F.Camil : « Tu n'étais pas traducteur, à cette époque ? »

K. : « Si, pour les éditions et pour le site internet aussi. Plutôt réviseur que traducteur, en fait. Mais ça ne paie pas beaucoup. Pas assez pour donner à manger à ta famille. Les snacks, le bâtiment… ce sont les seuls secteurs où l'on engage facilement un barbu. Qui tient à ses prières, en plus… »

L.F.Camil : « Pas évident, hein ? »

K. : « Non… Puis j'ai enseigné un peu à la mosquée, celle où je donnais le khotba de jomoa[1] pendant l'été. Mais tout ça, c'est anecdotique en termes de salaire. C'est méritoire, et même parfois je le faisais gratuitement, pour soutenir les frères, mais comme tout le monde, on a besoin d'argent liquide pour vivre. »

1 Discours prononcé lors de la grande prière du vendredi

L.F.Camil : « Soubhanallah, la chute entre les 2 mondes est rude, hein ? »

K. : « Ça tu peux le dire... Tu te demandes pourquoi tu as étudié autant de temps...

C'est une expérience en soi. Un jour, j'ai lu un texte d'Ibn El Jawzi[1], qu'Allah lui fasse miséricorde, où il parlait de ça[2]. Il a un peu vécu la même chose, c'est dingue. Alors tu te remets en question, finalement aucun travail n'est un déshonneur, pour peu qu'il soit halal. »

L.F.Camil : « C'est sûr, mais bon... un imam qui fait la plonge, c'est pas courant... »

K. : « Ne t'inquiète pas. Tu te remets en question, tu sais que tu travailles avant tout pour Ar Razzaq, Le Pourvoyeur[3]. Que c'est Lui qui pourvoit à tes besoins, à toi seulement la charge d'aller chercher cette subsistance. Certains choisissent des voies pas très clean, pas très halal. Et ceux qui ont bien saisi l'importance des choses se concentrent uniquement sur la voie de l'honneur, en ne choisissant que des travaux qui soient halal, qui agréent Celui qui te pourvoit...

Et un jour, les portes s'ouvrent devant toi. Par des voies que tu n'imaginais pas. Tu trouves ta place, celle où tu te sens réellement utile, celle pour laquelle tu poses ton front au sol, cette place pour laquelle tu as donné 10 ans de ta vie. »

L.F.Camil : « Quelle place, pour toi, au fait ? »

K. : « Bah, ça n'a que peu d'importance, en fait. Une place qui concrétise et valorise mon expérience, mon parcours... une place qui m'est parvenue du Très Haut[4], et qui me convient pour cette raison particulière... »

---

1 Savant musulman du 12ème siècle (6ème siècle de l'hégire) très réputé pour ses sagesses.

2 Dans « Les Pensées Précieuses » d'Ibn El Jawzi

3 Ar Razzaq, Le Pourvoyeur, est un des Noms sublimes de Dieu en Islam.

4 Le Très Haut, Al Aliy, est un autre des Noms sublimes de Dieu en Islam.

L.F.Camil : « Mmh... Quand c'est dit comme ça, c'est facile. C'est clair, c'est limpide. Mais j'imagine que quand on le vit, c'est un peu plus difficile... »

K. : « Bien entendu. Certains frères, au retour des études, deviennent libraires, d'autres sont enseignants, d'autres commerçants... J'ai un jour rencontré un frère qui a fondé son propre centre d'enseignement. Il vit aujourd'hui de ses inscriptions et de ses cours. Mais avant d'y parvenir, il a galéré pendant quelques années.

Je crois qu'il faut à chacun le temps de comprendre le sens de ce qui nous arrive.

Et ce sens, il ne s'apprend pas, il ne se transmet pas, il ne se trouve pas dans les livres, même pas dans ce livre-ci. C'est l'expérience qui te le fait découvrir.

Ta propre expérience de vie, tes épreuves, tes galères, quand tu prends conscience qu'elles te sont envoyées par Al Khaleq, Le Créateur...[1]

Quoi que tu fasses, tu te rends compte que seules tes intentions comptent. Tu essayes alors de les soigner, de les purifier.

Personnellement, j'ai fait la plonge dans les restos, ou le manœuvre sur des chantiers pendant des années, tout en continuant mes traductions, tout en donnant des petits cours à gauche, à droite, des khotbas de jomoa par ci, par là...

Tu réalises que tout ce que tu fais a de la valeur. Tout... Tes actes... Ton comportement....Tes paroles... Tout a un sens, il faut juste le lui donner. »

L.F.Camil : « C'est puissant... Quand je t'écoute, j'en ai des frissons...»

K. : « Tu sais, lors de ce dernier été, j'étais un jour assis dans une mosquée, au Maroc. Après une prière, l'imam a donné un prône sur la

1 Encore un autre nom de Dieu. Notons que chaque nom possède une signification qui éclaire et inspire le croyant dans son quotidien.

vie de l'imam al-Bukhârî. Le célèbre rapporteur de hadiths[1] du 1er siècle de l'Hégire, l'auteur du recueil « Sahîh al-Bukhârî »...

Il expliquait que l'imam al-Bukhârî, qui a compilé un peu plus de 7000 hadiths authentiques, avait justement clôturé son recueil par un hadith sur l'importance de certaines paroles...[2]

Sur deux paroles, très légères sur la langue, mais très lourdes dans la balance de nos actes... [3]

Je voudrais, en guise d'hommage, un très humble hommage, terminer ton bouquin par ces paroles, si tu me le permets... »

L.F.Camil : « Bien sûr, fais donc... Faut dire que débuter un livre en citant Kurt Cobain et le clôturer en citant l'imam al-Bukhârî, c'est un fameux grand écart ça... »

K. : « Ben oui... Mais c'est aussi ça, ma vie de converti... un grand écart entre deux mondes...

Ces deux paroles, qui nous serviront également de conclusion incha Allah, sont :

SoubhanaLlahi wa bihamdihi...

Et

SoubhanaLlahi el 'Adhim... »

1 Un hadith est une tradition rapportée de la part du Prophète de l'Islam. Cet enseignement, également nommé Sunna, représente, avec le Coran, la double source du savoir religieux en Islam.

2 Parmi plusieurs centaines de milliers de hadiths étudiés, l'Imam al-Bukhârî n'en avait retenu « que » 7000 dont l'authenticité lui était apparue sans faille, tant dans le texte que dans la chaîne des rapporteurs.

3 Kalimatâni habîbatâni ilâ Ar Rahmâni, khafîfatâni 'ala al lisâni, thaqîlatâni fî al mizâni : soubhanaLlahi wa bihamdihi, soubhanaLlahi al Âthîm. « Deux paroles sont très agréables au Miséricordieux, légères sur la langue, lourdes dans la balance : Gloire à Dieu par Sa Louange, Gloire à Dieu l'Immense. » Rapporté par al-Bukhârî, n°7563.

Bref, concluons...

J'espère que ces quelques gribouillages sur la vie des convertis vous auront plu. Bien que le changement puisse être remarquable et parfois difficile à accepter, la vie d'un converti ou d'une convertie reste avant tout celle d'un être humain, qui vit, qui rêve, qui se cherche et se trouve, qui souhaite être respecté pour ce qu'il est.

Il est vrai que c'est un choix qui peut heurter l'entourage et tout spécialement les amis ou les parents. Patience et sagesse doivent alors être au rendez-vous afin de préserver ces liens.

La conversion est un choix qui peut comporter des épreuves là où on ne s'y attendait pas : la question du mariage en est un exemple.

La conversion est un choix qui fait endosser au converti ou à la convertie un ensemble de stigmates dont il faudra démontrer l'erreur : non, musulman n'est pas synonyme de terroriste, ou d'arabisation, ou d'aliénation de soi, de rupture sociale ou professionnelle...

Il faudra ainsi pouvoir tout simplement revenir à l'essentiel et rappeler que, comme tous les êtres humains, les convertis veulent tout simplement être heureux. Et que ce chemin vers le bonheur passait par leur conversion.

Voilà tout...

L.F.Camil, 2015

Table des matières